작지만 강한 나노 브랜드

작지만 강한 나노 브랜드

지은이 김준모
펴낸이 안용백
펴낸곳 (주)넥서스

초판 1쇄 발행 2015년 3월 30일
초판 2쇄 발행 2015년 4월 5일

출판신고 1992년 4월 3일 제311-2002-2호
121-893 서울특별시 마포구 양화로8길 24
Tel (02)330-5500 Fax (02)330-5555

ISBN 979-11-5752-310-8 13320

저자와 출판사의 허락 없이 내용의 일부를
인용하거나 발췌하는 것을 금합니다.
저자와의 협의에 따라서 인지는 붙이지 않습니다.

가격은 뒤표지에 있습니다.
잘못 만들어진 책은 구입처에서 바꾸어 드립니다.

www.nexusbook.com
넥서스BIZ는 (주)넥서스의 경제경영 브랜드입니다.

작지만 강한
나노 브랜드

니즈와 원츠를 쪼개고 또 쪼개라

김준모 지음

넥서스BIZ

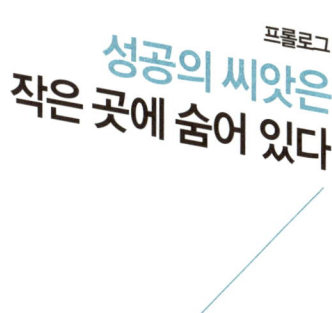

프롤로그
성공의 씨앗은 작은 곳에 숨어 있다

하버드 의대 연구원이자《지식의 반감기》의 저자 새뮤얼 아브스만(Samuel Arbesman)은 현대 지식의 수명을 파악하기 위해 흥미로운 조사를 진행했다. 특정 분야의 지식 중에서 절반이 틀린 것으로 증명되기까지 걸리는 시간을 조사한 것이다. 그 결과, 역사학은 7.13년, 심리학은 7.15년, 종교학은 8.76년, 수학은 9.17년, 경제학은 9.38년으로 나타났다.

    대부분의 영역에서 10년의 시간이 흐르면 진리로 여겨졌던 지식의 반이 진리가 아닌 것이 되어 버린다는 것이다. 그것이 바로 '지식의 반감기'이다. 지식이 힘을 발휘하는 세상은 매우 빠르게 변하고 있다. 10년 전에 대학이나 사회에서 익힌 지식만으로는 오늘날과 같이 복잡한 세상에서 살아남을 수 없다.

정신이 혼미할 정도로 빠른 흐름 속에서 브랜드가 만들어지는 과정 또한 흥미롭게 바뀌고 있다. 사람들이 원하는 브랜드의 형태가 하루가 다르게 바뀌고 있는 것이다. 중·대형 브랜드들은 점점 설 자리를 잃어 가고 있고, 그 자리에는 초대형 브랜드 혹은 그와 반대인 아주 작은 브랜드들이 채워지고 있다.

산업 혁명을 시작으로 우리가 필요로 하는 제품과 서비스들이 폭발적으로 늘어났고, 그것들은 저렴한 가격과 향상된 질을 무기로 소비자의 구매를 자극하고 있다. 이런 상황은 소비자 입장에서는 매우 유리하지만 상품을 팔아 생계를 유지해야 하는 사업가와 마케터들에게는 큰 도전이라고 할 수 있다.

적당한 품질과 가격의 상품이 잘 팔리던 시대는 다시 돌아오지 않을 것이다. 한두 개의 대박 상품으로 점점 길어져 가는 인생을 안정적으로 영위해 가는 것은 불가능하다. 그렇다면 무엇을 어떻게 만들고, 어떻게 판매해야 할까?

이 책에서 나는 작은 영역의 브랜드를 '나노 브랜드'라 지칭하고 나노 브랜드가 만들어지는 이유와 과정, 마케팅 방법에 대해 다루었다. 그동안 다양한 방법으로 여러 가지 브랜드를 만들어 오면서 쌓은 경험과 노하우를 독자들에게 공유하려 한다.

나노 브랜드만이 살아남을 수밖에 없는 세계적인 흐름과 그 흐름을 만드는 동기인 인류의 '원츠'에 대해 생각해 보고, 다양한 국내외 사례와 개인적인 경험을 통해 어떻게 하면 아주 작은 영역에서 시작하여 브랜드를 만들고, 그것을 사업으로 일으킬 수 있는지 전달하려고 노력했다.

이 책은 경영 이론서가 아니다. 현직 사업가가 18년 동안 디지털 브랜드 마케팅 분야에서 보고 겪은 것들을 바탕으로 현대 브랜드의 성공 방정식을 풀어낸 책이다. 미래를 예측하는 내용이 아닌, 마케팅 현장에서 일어나고 있는 현재의 일을 담았다.

나는 디지털 모바일 혁명과 함께 탄생한 온갖 성공 규칙 속에서 고민하고 있는 기업가, 마케터, 예비 창업자들에게 '나노 브랜드 마케팅'이라는 길을 안내하고자 한다. 아무쪼록 이 한 권의 책이 독자들의 손에 글로벌 기업들과의 싸움에서 생존을 넘어 승리를 거둘 수 있는 작은 돌팔매를 쥐어 줄 수 있기를 간절히 소망한다.

이 책이 나오기까지 성원해 주고 지원해 준 회사 임직원들에게 고마움을 전한다. 또한 다양한 아이디어와 치열한 고민을 통해 경험의 성숙을 제공해 준 사업 파트너들에게도 감사드린다. 마지막으로 따뜻한 눈길로 끝없이 응원해 준 가족들에게 감사드린다.

김준모

Contents

프롤로그_ 성공의 씨앗은 작은 곳에 숨어 있다　　　　　　　　005

PART 1 지금은 나노 브랜드 시대

CHAPTER 01　고객은 1등만을 기억한다　　　　　　　　014
CHAPTER 02　사람은 브랜드로 세상을 이해한다　　　　　　　　019
CHAPTER 03　불안, 불신, 불확실의 세상　　　　　　　　024
CHAPTER 04　관성의 세상에서 다름을 외쳐라　　　　　　　　031
CHAPTER 05　작지만 큰 목소리　　　　　　　　036
CHAPTER 06　영원한 1등, 영원한 고객은 없다　　　　　　　　040
CHAPTER 07　공룡과 개미의 차이　　　　　　　　045
CHAPTER 08　나노오션, 나노 브랜드, 나노 브랜드 마케팅　　　　　　　　050

PART 2 나노 브랜드, 이렇게 탄생한다

CHAPTER 01	쪼개고 또 쪼개야 보인다	056
CHAPTER 02	작은 변화가 큰 시장을 만든다	063
CHAPTER 03	중요한 것은 경기가 아니라, 고객의 원츠이다	069
CHAPTER 04	관찰을 통해 통찰하라	075
CHAPTER 05	당신의 직관을 믿어라	080
CHAPTER 06	당신만의 스토리를 만들어라	086
CHAPTER 07	여자들의 네버엔딩 수다에서 해답을 찾아라	093
CHAPTER 08	트렌드 리더를 수다스럽게 하라	098
CHAPTER 09	블랙컨슈머는 속까지 까맣지 않다	104
CHAPTER 10	고객에게 새로운 경험을 선사하라	109
CHAPTER 11	때로는 아스팔트길보다 비포장길이 즐겁다	112

PART 3 약자가 이기는 전략, 나노 브랜드 마케팅 비법

CHAPTER 01	골리앗을 쓰러뜨린 작은 돌팔매	120
CHAPTER 02	아주 작게 끊임없이 속삭여라	125
CHAPTER 03	게릴라 마케팅은 확실하게	131
CHAPTER 04	점으로 선 만들기, 접점을 늘려라	137
CHAPTER 05	소비자의 잠재의식에 파고들어라	142
CHAPTER 06	한정판으로 가슴을 뛰게 하라	149
CHAPTER 07	새로운 플랫폼에서 기회를 찾아라	154
CHAPTER 08	빅데이터를 작게 이용하라	160
CHAPTER 09	외부 네트워크를 100퍼센트 활용하라	167
CHAPTER 10	심플하고 파워풀한 이름을 지어라	174

PART 4 관점이 바뀌면 답이 보인다

CHAPTER 01 시장이 저절로 열리는 나노 브랜드를 만들어라 184
CHAPTER 02 나노 브랜드는 작지만 강하다 188
CHAPTER 03 고정관념을 깨야 기회가 보인다 194
CHAPTER 04 100개의 큐피드 화살을 준비하라 201
CHAPTER 05 성장통이 없으면 성장하지 못한다 207
CHAPTER 06 퍼스널 브랜드도 나노 브랜딩하라 217
CHAPTER 07 승리하려면 게임의 판을 작게 짜라 222
CHAPTER 08 NB(나노 브랜드)=(P+S+V+T)/C 227
CHAPTER 09 나노 브랜드에서 위대한 브랜드로 233
CHAPTER 10 타이밍은 없다. 당장 시작하라 241

작지만 강한 나노브랜드

PART 1

지금은 나노 브랜드 시대

고객은 1등만을 기억한다
사람은 브랜드로 세상을 이해한다
불안, 불신, 불확실의 세상
관성의 세상에서 다름을 외쳐라
작지만 큰 목소리
영원한 1등, 영원한 고객은 없다
공룡과 개미의 차이
나노오션, 나노 브랜드, 나노 브랜드 마케팅

CHAPTER 01

고객은
1등만을 기억한다

다음 질문에 대답해 보라.

"인류 최초로 달에 착륙한 사람은 누구인가?"
"세계에서 가장 유명한 커피 프랜차이즈는 무엇인가?"
"세계에서 가장 높은 산은 어디인가?"

답은 순서대로 닐 암스트롱, 스타벅스, 에베레스트산이다.

자, 이번에도 다음 질문에 대답해 보라.

"인류 두 번째로 달에 착륙한 사람은 누구인가?"
"세계에서 두 번째로 유명한 커피 프랜차이즈는 무엇인가?"
"세계에서 두 번째로 높은 산은 어디인가?"

이 세 개의 질문에 제대로 답했는가. 감이라도 잡았다면 당신은 정말로 해박한 사람이다. 대부분의 사람은 두 번째 질문에는 대답을 하지 못한다. 이처럼 사람들은 '첫 번째 것', '최고', '1등'만을 기억할 뿐 2등에는 관심이 없다.

우리가 하루 동안 접하는 브랜드의 개수는 대략 6,000개 정도이다. TV에서는 하루 종일 자신의 이동통신사 상품을 사용하라고 목소리를 높이고, 자신들의 음식을 사 먹으라고 끊임없이 유혹한다. 네이버나 다음 같은 인터넷 포털 사이트에서도, 사무실 PC에 켜 놓은 메신저에서도, 휴대폰에서도 마찬가지이다.

이처럼 우리는 끊임없이 브랜드에 노출되고 있다. 외부로부터 일방적으로 들어오는 상품과 상품 정보의 과잉으로 머리가 아플 지경이다. 실제로 시각과 청각으로 전달되는 외부의 이미지와 소리는 뇌에 전기 스파크를 일으키고, 지속적인 전기 스파크는 스트레스를 불러온다.

생물은 '역치'라는 속성을 가지고 있다. 역치란, '생물이 외부의 자극에 반응하기 위한 최소한의 자극의 세기'이다. 너무 작은 자극에 계속해서 반응하면 에너지를 낭비하게 되기 때문에 생물 진화 과정에서 역치를 만드는 것이다. 이러한 역치의 특징 중에서 가장 주목해야 하는 것은 같은 자극이 반복되면, 자극의 크기가 계속해서 커져야 반응한다는 것이다.

사람도 생물이기 때문에 일정 이상의 자극을 계속해서 받으면 서서히 무뎌지고, 결국에는 무감각해진다. 따라서 무감각해짐을 예방하려면 처음 자극보다 더 큰 자극을 주거나 아예 처음 받은 자극과 다른 자극을 주어야 한다.

역치는 물건을 만드는 기업과 브랜드를 만드는 브랜드 매니저를 매우 난감하게 만든다. 사람들이 같은 자극을 받으면 반응하지 않는다는 사실은 끊임없이 자극의 크기를 높여 주거나 아예 다른 신선한 자극을 주어야 자신들의 상품과 브랜드가 사람들에게 어필할 수 있다는 의미이기 때문이다. 따라서 항상 브랜드에 자극받는 사람들의 뇌를 이해해야 상품을 팔 수 있을 뿐 아니라 브랜드의 가치를 높일 수 있다.

3M사의 스카치테이프, 빙그레의 요플레, 호치키스사의 호치키스, 제일제당의 미원, 유한킴벌리의 크리넥스, 도시바의 노트북 등은 해당 분야에서 넘버원이 되어 그 분야를 대표하는 이름이 된 브랜드들이다. 이 브랜드들은 자체가 가지고 있는 대표성으로 소비자들의 머릿속에 견고하게 자리 잡고 있다.

따라서 이들 브랜드를 밀어내고 다른 브랜드가 이 자리를 차지하는 일은 결코 쉽지 않다. 기존의 1등 브랜드가 있는 분야에 들어가야 하는 경우에는 나의 상품과 브랜드가 이런 1등 경쟁사 브랜드가 주고 있는 자극의 크기를 큰 폭으로 뛰어넘거나 아예 이런 1등 브랜드들이 제공하지 않는 다른 자극을 주어야 한다. 그러지 못한다면 1등의 브랜드 가치는 더욱 견고하게 유지되며 사람들의 뇌 속에 더욱 깊고 단단하게 자리 잡게 된다.

1년 전에 모바일 어플리케이션을 출시하여 시장에서 자리를 잡은, 여러 포털 사이트와 잡지에서 추천 어플리케이션으로 선정되기도 한 ○○ 모바일 개발사 K대표는 이렇게 하소연했다.

"도대체 왜 고객들은 우리 제품을 몰라주는 거죠? 언제까지 계속 이렇게 돈이 많이 드는 마케팅을 해야 하는지 모르겠어요."

나는 그에게 이렇게 물었다.

"어떤 점이 가장 힘드세요?"

K대표는 이렇게 대답했다.

"경쟁사에 비해 디자인도 우수하고, 서비스도 좋은데 마케팅 비용 때문에 서비스를 유지하는 것이 힘들어요. 마케팅 비용이 너무 많이 드는 것 같아 비용을 조금 줄이면 바로 매출과 유저가 줄어들어요. 우리 제품이 우수하다는 것을 고객들에게 언제까지 알려야 하는지 끝이 보이지 않아 너무 지치네요."

K대표의 ○○모바일 개발사는 해당 분야에서 1등이 아닌, 2등 자리를 지키는 회사였다. 일반 제품과 브랜드를 만들고 공급하는 사람들도 K대표와 같은 고민을 할 것이다. 1등을 이기기 위한 과대한 마케팅 비용과 사용자들의 애정 감소, 그에 따른 불안감은 항상 어려운 상황을 만들기 때문이다.

우리의 뇌는 한계가 있다. 즉 우리의 머릿속에는 '고려의 총량'이 정해져 있어 모든 제품을 비교한 뒤에 구매할 수 없다. 그렇기 때문에 사람들은 고민하지 않고 이미 머릿속에 기억되어 있는 1등 제품을 구매하는 것이다.

1등이 아닌 상품과 브랜드들은 경로 의존성을 탈피해야 한다. '경로 의

존'이란, 사람들이 어떠한 이유로 일정한 방향에 익숙해지고 나면 나중에는 그 방향이 비효율적이라는 것을 깨닫더라도 그 안에서 빠져나오기 힘든 현상을 의미한다.

이는 스탠퍼드 대학교의 브라이언 아서(Brian Arthur)와 폴 데이비드(Paul David) 교수가 주창한 것으로, 심리학적인 관성을 설명해 준다. 계속 구입하던 것을 구입하려는 현상, 1등 제품을 계속 최고의 제품이라고 생각하는 현상은 모두 경로의 의존성에 의한 것이다. IT 제품, 서비스업, 패션 상품 등 그것이 무엇이든 우리는 모두 '경로의 의존성'에 묶여 있다.

학습된 내용이 시간의 흐름에 따라 점점 잊히는 정도를 연구한 헤르만 에빙하우스(Hermann Ebbinghaus)의 '망각의 곡선'에 의하면 사람은 기억하려고 의도한 내용의 80퍼센트 이상을 24시간 내에 잊어버린다고 한다. 이는 기억하겠다고 마음먹지 않은 정보는 머릿속에 거의 남아 있지 않다는 의미이다. 정말 멋진 디자인의 제품을 만들어도, 아무리 근사하고 예쁜 브로슈어를 만들어도, 아무리 편리하고 멋진 홈페이지를 만들어도 마찬가지의 결과가 예상된다. 24시간 내에 잊히지 않는, 20퍼센트 내에 남을 수 있는 브랜드만이 결국에는 성공을 거둘 수 있다.

CHAPTER 02

사람은 브랜드로 세상을 이해한다

어느 날 우연히 커피숍에 앉아 있다가 두 명의 여성이 나누는 대화를 듣게 되었다.

"토요일에 소개팅한 남자 어땠어?"

"아, 그 사람? BMW 타고 다니더라고. 빈폴 자켓을 입고 뉴발란스 880을 신고 왔는데, 패션 센스도 있는 것 같았어. 스타벅스에서 만나서 대화 좀 나누다가 CGV에 가서 이번에 새로 나온 봉준호 감독의 영화를 봤어."

"그래? 그 사람 꽤 마음에 들었나 봐. 처음 만났는데 영화까지 다 보고. 다시 만나기로 했어?"

"응. 다음 주에 다시 한 번 만나 보려고."

소개팅을 한 남자가 어땠느냐는 친구의 물음에 여성은 상대 남자의 차, 옷 등의 브랜드를 열거하며 데이트 상황을 설명했다. 소개팅 중에 상대방과 나눈 대화 내용, 상대방의 행동 등이 아니라 상대방이 어떤 브랜드에 둘러싸여 있는지 그리고 그와 함께 어떤 브랜드를 경험했는지가 대화의 주된 내용이었다. 이처럼 사람들은 브랜드를 중심으로 세상을 이야기하고, 브랜드를 통해 세상을 이해한다.

그렇다면 브랜드란 무엇일까? 브랜드의 정의는 매우 다양하다. 일반적으로 쓰이는 브랜드의 사전적 의미는 '사업주의 제품과 서비스를 소비자에게 인식시키는 데 사용되는 글, 그림, 숫자, 기호 등의 총칭'이다. 하지만 요즘에는 그보다 더 큰 의미로 브랜드를 정의하기도 한다. 브랜드라는 단어에 대해 내린 나의 정의에는 '소비자들의 뇌에 인식되어져 있는 이미지와 느낌, 그로 인해 발생되는 상품의 구매 의사'가 포함되어 있다.

브랜드와 혼동할 법한 단어 중에 '메이커'가 있다. "이거 어디 메이커야?"라는 말을 흔히 들어 보았을 것이다. 메이커는 브랜드를 창조하고 생산하는 '회사'를 뜻하는 것으로, 메이커라는 단어가 '회사 그 자체'를 말한다면, 브랜드는 '눈에 보이지 않는 추상적인 개념'을 말한다. 쉽게 말해, 메이커가 몸통이라면, 브랜드는 영혼을 의미한다고 할 수 있다.

그렇다면 우리가 브랜드라고 인식하고 있는 상품에는 어떤 것이 있을까? 이 질문에서부터 우리의 여정이 시작된다. 많은 사람이 여러 가지의 것을 브랜드로 인식하고 있다.

상품 중에서 강력하게 브랜드로 인식되고 있는 것들은 이른바 '명품 브랜드'이다. 샤넬, 구찌, 프라다, 에르메스 등이 대표적이다. 이런 브랜드는 이름만 들어도 무언가 고급스러운 느낌이다. 물씬 풍기는 가죽 냄새, 황금색으로 둘러싸인 럭셔리한 진열, 친절하면서 차분한 직원들, 신용카드 단말기에 찍힌 숫자들에서 느껴지는 압박감, 위화감 등의 이미지가 떠오른다. 사람마다 다르지만 어떤 특정한 느낌을 제품과 제품 이름에서 전달하는 것이 브랜드라고 할 수 있다.

서비스나 유통 사업체 중에 내가 브랜드로 인식하는 것들은 인터넷 포털 사이트인 네이버, 1577-1577 대리운전, 지마켓, 이마트, 신세계백화점, 티켓몬스터 등이다. 위의 브랜드들은 초록색 검색창, 술을 마신 뒤에 무조건 눌러야 하는 번호, 모든 제품을 매우 저렴하게 살 수 있을 것 같은 사이트, 신선하고 다양한 제품을 살 수 있는 마트, 우울할 때 둘러보고 싶은 곳, 뭔가 살 것이 있을 것 같아 종종 들어가 보는 것 등의 무형적인 느낌과 감정, 사람들의 행동 동기를 야기한다.

그렇다면 사람은 어떨까? 사람도 브랜드로 인식할 수 있을까? 당연하다. 이제는 초등학생들도 다 아는 '혁신의 아이콘' 스티브 잡스, '괴물 투수' 류현진, '피겨 여왕' 김연아, '국민 MC' 유재석 같은 사람들은 각각 브랜드로 인식되고 있다. 누군가의 이름만 들어도 어떤 느낌이나 이미지가 머릿속에 뚜렷하게 떠오른다면, 그 사람은 브랜드화가 된 것이다. 이처럼 사람이 브랜드화 된 것을 '퍼스널 브랜드'라고 한다.

여러분이 인식하고 있는 브랜드에는 어떤 것들이 있는가? 어떤 제품을 강력한 브랜드라고 생각하는가? 아니면 머릿속에 강렬하게 꽂혀 도저히 잊히지 않는 서비스가 있는가? 어떤 사람만 생각하면 특정 이미지가 떠오르는가? 자신이 인식하고 있는 브랜드를 하나하나 살펴보고 자신이 만들고 싶은 브랜드, 즉 벤치마킹할 만한 대상 브랜드를 찾아보라.

미국의 개념 미술가이자 사진작가인 바바라 크루거(Barbara Kruger)는 '나는 쇼핑한다. 고로 존재한다(I shop. Therefore I am)'라는 작품을 통해 '브랜드를 소비하는 쇼핑의 행태가 자신을 규정한다.'라는 메시지를 전달했다. 어떤 사람이 언급하는 브랜드와 그 사람이 소비하는 브랜드를 보면 그 사람을 알 수 있다는 것이다.

아이폰에 닥터드레 헤드폰을 꽂아 머리에 두르고 청바지를 입고 뉴발란스 운동화를 신고 다니는 사람이 있다고 가정하자. 그 사람이 항상 곁에 두고 이용하는 브랜드들을 살펴보면 그 사람의 소비 패턴 혹은 삶의 패턴 등을 파악할 수 있다.

이처럼 브랜드는 한 사람을 규정할 수 있는 수단이 된다. 그 사람이 규정된다는 것은 브랜드를 통해 그의 삶의 방식을 표현하고 그에게서 표현되는 삶을 다른 사람이 인식한다는 말이다. 결국 사람은 브랜드를 통해 세상을 경험하고 이해한다는 것에 주목해야 한다.

하지만 반드시 알아 두어야 할 것이 있다. '브랜드는 회사가 만드는 그대로가 아니다.'라는 사실이다. 제품은 회사가 100퍼센트 관여하여 만들지만 브랜드는 회사가 100퍼센트 알아서 할 수 없다. 제품은 회사에 의해 만들어지지만 브랜드는 회사에 의해 만들어지고, 세상에 의해 완성된다. 다시 말해, 브랜드는 회사가 낳고 세상이 키운 것이다. 거의 같은 제품이라 하더라도 어떤 용도로, 어떤 경로를 통해 마케팅이 되었는지 그리고 그것을 접한 소비자들은 어떤 반응을 했는지와 같은 다양한 요소에 의해 전혀 다른 브랜드가 된다는 의미이다.

동대문 뒷골목의 한 의류 공장에서 생산되어 팔리는 민소매 티셔츠 한 장도 누구로 인해, 어떤 경로를 통해, 어떻게 포장되어 팔리느냐에 따라 길거리 리어카에서 저렴하게 팔리는 '떨이 상품'이 될 수도 있고, 명품으로 취급받으며 비싼 값에 팔릴 수도 있다. 같은 품질의 같은 제품이라 해도 여러 가지 조건과 사람들 간의 상호작용에 의해 브랜드는 매우 다르게 변화한다.

기본적으로 사람들의 시간과 돈을 쓰게 만드는 것은 매력적인 제품과 서비스에서 나온다. 그래서 매력적인 서비스와 제품은 많은 사람에게 팔리고 사랑받는다. 제품과 서비스가 주는 가치가 기존의 것들을 뛰어넘어야 사람들에게 더욱 강력한 브랜드로 인식된다.

아름다운 여성이 앞을 지나가면 나도 모르게 넋을 놓고 바라보게 되는 것처럼 매력적인 제품은 나도 모르게 시간과 돈을 쓰게 만든다. 가능하다면 우리가 만든 브랜드가 매력을 넘어 마력을 발산하도록 해야 한다.

'브랜드가 아니면 쓰레기이다.'라는 말이 있다. 브랜드 없이 기업을 운영한다면 오랫동안 사업을 유지하기 힘들고, 계속해서 힘겨운 싸움을 해나가야만 한다. 사람들을 사로잡는 브랜드를 만드는 일은 좋은 제품을 만드는 일과 기술을 개발을 하는 일보다 더욱 시급하고 중요하다. 내가 만든 브랜드를 통해 사람들이 세상을 만나고 접할 수 있다면 브랜드의 성공은 자연스럽게 따라온다.

CHAPTER 03

불안, 불신, 불확실의 세상

2012년, 특허청은 '힐링' 관련 브랜드 출원 건수가 2008년에 26건, 2009년에 40건, 2010년에 65건, 2011년에 72건, 2012년에 100건을 훌쩍 넘겨 대폭적인 증가세를 나타내고 있다고 밝혔다. 출원 분야별로는 심신의 피로 해소와 피부 미용 관리 분야에 집중되고 있다. 이를 구체적으로 들여다보면, '화장품류'의 출원이 84건으로 1위를 차지했고, '이미용 및 의료 서비스업'과 '스포츠 및 문화 관련업' 출원이 각각 70건과 54건으로 그 뒤를 이었다.

 특허청은 '힐링' 관련 브랜드의 상표 출원이 급증하고 있는 것은 각박한 생활 속에서 스트레스에 찌든 현대인들이 양질의 생활을 누리려는 욕구가 높아져 이를 상업적으로 이용하기 위한 관련 업계의 힐링 분야 상품, 서비스 및 브랜드 개발 노력에 기인한 것이라고 분석했다.

이런 현상은 브랜드의 상표 출원뿐 아니라 도서 분야에서도 두드러지게 나타나고 있다. '청춘 멘토' 서울대 김난도 교수의 《아프니까 청춘이다》는 최단 기간 동안 100만 부 판매를 돌파하며 수많은 젊은이의 고민을 어루만져 주었고, 'SNS를 하는 하버드 스님' 혜민 스님은 《멈추면 비로소 보이는 것들》이라는 책을 통해 마음의 상처를 바라보는 법에 대해 이야기했다. 이처럼 힐링을 주제로 다룬 책들이 화제가 된 이유가 무엇일까? 그 이유는 사람들이 세상을 살아가면서 느끼는 불안, 불신, 불확실 때문이다.

지금은 그야말로 자신이 스스로 창조해 낸 진실 외에는 진실이 존재하지 않는 시대이다. '지금 사회는 그것이 설사 진실일지라도 3~5회 이상 같은 정보를 접해야 사실이라고 인식한다.'라는 연구 결과가 있는 것처럼 사람들은 이제 아무것도 믿지 못한다.

현재 우리 사회는 매우 불안하다. 찰스 테일러(Charles Taylor)는 자신의 저서 《불안한 현대 사회》에서 현대 사회가 안고 있는 몇 가지 불안 요인과 위험성에 대해 기술했다. 그는 인류의 문명과 과학 기술의 발전 등으로 인간 개개인의 자아 상실, 삶의 몰락, 크고 작은 사회 구성원의 정체성 및 자기 목적 상실이 이루어지고 있다고 거론하면서 불안의 근원을 크게 두 가지로 설명했다. 개인주의와 도구적 이성이 바로 그것이다.

그중에서도 개인주의에 주목할 필요가 있다. 현대 사회의 구성원들이 스스로 다양한 삶의 형태를 결정할 수 있는 권리를 가지게 되면서 전통적 질서를 따르는 세계와 사회적인 의무들을 거부하게 되었다. 사회 구성원으로서 개개인의 의무와 목적이 상실되면서 오직 자신들의 주체적 권리만을 요구하며 이런 삶을 정당화하는 것이다.

개개인은 각자의 삶에만 초점을 맞추고 함께 의지해 가며 살아가는 공동체적 시야를 상실하게 되었다. 그로 인해 개인이 개인을 믿지 못하는 불안이 생겼다. 개인 간의 불안을 느끼는 우리는 자신이 다니는 회사, 자신이 속한 사회에도 불안감을 느낀다. 고용이나 사회 시스템에 대한 불안 등이 그 단편적인 예이다. 불신에서 비롯한 불확실과 불안은 사람들의 마음을 점점 더 괴롭힌다. 이러한 상황에서 사람들에게는 '힐링'이라고 불리는 마음의 치료약이 필요하다.

마음에서만 이런 일이 일어나는 것이 아니다. 마음속에 깊게 자리 잡은 불신, 불안, 불확실은 사람들의 일상에 큰 영향을 미친다. 제품과 서비스를 구매할 때도 이런 정서적 요소들이 영향을 미친다. 그로 인해 어떤 제품과 서비스가 믿을 만한지, 어떤 물건이 튼튼한지, 어느 정도가 적당한 가격인지 등 다양한 점을 고려한다.

구매가 이루어지고 카드 영수증에 사인을 하는 순간까지 계속 불신과 불안의 감정이 오간다. 따라서 이런 불안과 불신, 불확실을 우리의 제품과 브랜드가 해결해 준다면 혹은 우리 제품과 브랜드를 구매하면서 이런 3불(不)을 느끼지 않게 할 수 있다면 바로 '히트 제품', '히트 브랜드'가 되는 것이다.

사람들의 불안감을 잘 파악하고 해결해 줌으로써 큰 성공을 거둔 브랜드가 있다. 튼살크림으로 유명한 씨에이팜의 '프라젠트라'가 좋은 예이다. 제약 회사에서 첫 직장 생활을 한 박희준 대표는 병원에서 임산부들의 대화를 듣게 되었다.

"아이를 더 낳고 싶어도 살이 너무 트니까 겁이 나."

이 말을 들은 박희준 대표는 사업 아이디어를 떠올렸고, 다니던 회사에 사표를 던지고 나와 자신의 회사를 설립했다. 회사 설립 초기에는 '튼살'이라는 용어 자체도 생소하고 임산부들이 왜 튼살을 관리해야 하는지 몰라 영업에 어려움이 있었다.

하지만 지속적인 홍보와 철저한 고객 관리로 소비자들의 머릿속에 '튼살크림'이라는 상품이 자리 잡게 하는 데 성공했다. 결국 튼살크림은 프라젠트라의 대표 브랜드가 되었고, 박희준 대표는 큰 매출을 올렸다. 이처럼 사람들의 불안감을 알아차리고 해결해 줄 수 있는 제품과 브랜드를 만드는 것이 성공의 지름길이다.

내가 대학교 1학년 때 IMF가 터졌다. 학생이라서 깊이 체감하지는 못했지만, 이는 '열심히 일하면 어느 정도는 살 수 있다.'라는 IMF 이전의 '신뢰의 시대'와 단절되는 중요한 사건이었다. 대기업들의 줄도산, 기업들의 구조조정과 명예퇴직, 바늘구멍보다 통과하기 어렵다는 취업 등 다양한 매체에서 연일 무거운 소식이 전해지면서 사람들의 일상을 짓눌렀다. 불신의 시대, 불안의 시대, 불확실의 시대가 온 것이다.

그 후부터 학생들은 자신의 꿈을 위해 대학에 가는 것이 아니라 취업률이 높은 대학과 학과에 진학하는 것을 목표로 삼았고, 대학에 입학한 뒤에도 캠퍼스의 낭만을 느끼거나 사색을 할 여유 없이 늘 경쟁 속에서 긴장을 늦출 수 없게 되었다.

대학생들뿐만이 아니다. 사회 구성원 모두가 불안에 떨며 단 1년 후도 계획하지 못하는 시간을 보냈다. 이렇게 사회의 불안정으로부터 뿜어 나오는 불안과 불확실로 인해 사람들 사이에 불신이 생겼고, 이는 사람과 기업 사이의 불신으로까지 번졌다. 사람도, 사람이 만든 물건도 믿지 못하는 시대가 된 것이다. 개인 정보가 유출되고 이 정보가 보이스피싱에 활용되는 등 기업이 운영하는 서비스에 대해서도 불신이 커졌다.

사람과 사람 사이의 불신은 많은 문제를 발생시킨다. 상대방을 있는 그대로 보는 것이 아니라 혹시 다른 의도를 품고 있는 것은 아닌지 한 번 더 생각하게 되고, '혹시 저 사람이 나에게 피해를 주지 않을까?'라는 생각에 더욱 방어적인 성격으로 변한다. 그러다 보니 사람들은 새로운 관계, 새로운 것에서 오는 위험성을 회피하게 되었다. 사람들이 새로운 것을 회피한다는 것은 예전의 것을 그대로 지키고 싶어 하는 보수성을 의미하고, 새로운 제품과 브랜드들에게는 기회의 상실을 의미한다.

제품과 브랜드를 만들어야 하는 브랜드 매니저는 3불이 없는 무불(無不) 생태계에 사람들을 초대해야 한다. 즉 나의 브랜드가 사람들에게 신뢰를 주고 믿을 만하며 안심할 수 있다는 것을 여러 가지 방법을 통해 적극적으로 설득해야 하는 것이다.

브랜드가 만든 무불 생태계에 사람들을 초대하는 방법은 몇 가지로 요약해 볼 수 있다.

첫째, 브랜드를 제품의 속성과 일치시켜야 한다.

소비자는 기업이 표방하는 내용과 일치하는 제품을 신뢰한다. 그냥 만들어 낸 브랜드 이미지를 반복적인 광고를 통해 보여 주는 것이 아니라, 일관적이고 거짓이 없는 메시지를 담고 있는 브랜드를 만드는 것을 목표로 삼아야 한다.

둘째, 고객의 주변 사람들에게 좋은 평판을 듣게 해야 한다.

'광고는 안 믿어도 소문은 믿는다.'라는 말처럼 주변 사람들에게 좋은 소문이 나게 만들어야 한다. 이때 주변 사람이란 물리적으로 묶여 있는 전통적인 사람들과 디지털적으로 묶여 있는 가상의 인적 네트워크(SNS와 같은) 모두를 의미한다. 먼저 사용해 보고 우리의 브랜드를 다른 사람들에게 전달할 수 있도록 사람들을 이끌어 가야 한다.

셋째, 소비자를 직접 참여시켜 스스로 믿게 해야 한다.

소비자를 직접 참여시켜 믿게 하는 것은 불신을 해결할 수 있는 가장 강력한 방법이다. 소비자의 직접 참여가 가장 빠르게 신뢰를 쌓을 수 있는 방법임을 늘 염두에 두어야 한다.

넷째, 자신의 상황에 맞는 강력한 마케팅 도구를 만들고 사용해야 한다.

성공한 기업과 브랜드들은 최적화된 자신만의 마케팅 도구를 가지고 있다. 다른 기업이 혹은 다른 브랜드가 이용한다고 해서 그 도구가 당신에게도 적합하다고 생각해서는 안 된다. 끊임없이 도전하고 실험하면서 자신의 브랜드에 꼭 맞는 마케팅 도구를 만들고 최적화해야 한다.

프랑스의 문학가인 샤를 보들레르(Charles Baudelaire)는 이렇게 말한 바 있다.

"공포의 매력에 취할 수 있는 사람은 강자뿐이다."

일반적인 사람들은 공포를 즐기지 않는다. 브랜드는 '신뢰'의 마크다. 우수한 우리 회사가 만들었다는 것과 진정성 있는 메시지로 제품을 구매하는 소비사들을 안심시킬 수 있어야 한다. 그것이 사람들이 기존의 제품을 선택하게 하는 '구매의 항상성'을 깨는 유일한 방법이다. 소비자들의 구매의 항상성에 금이 가게 해야 한다. 그것에 기업과 브랜드의 성공이 달려 있다.

CHAPTER 04

관성의 세상에서
다름을 외쳐라

최근 물리학 단어 중에 하나인 '관성'이 주목을 받고 있다. 관성은 정지한 물체는 계속 정지하려고 하고, 운동하는 물체는 계속 운동하려고 하는 성질을 말한다. 지하철을 탔을 때 출발할 때에는 출발 방향의 반대쪽으로 몸이 쏠리고, 멈출 때에는 계속 가던 방향으로 몸이 쏠리는 것이 관성을 관찰할 수 있는 쉬운 예 중 하나이다.

이런 관성은 사회적인 상황에도 끊임없이 작용되며, 사회 구성원인 소비자에게도 적용된다. 소비자에게 관성은 이미 자신에게 익숙해진 상품과 서비스를 계속해서 이용하고 싶은 현상이라고 정의할 수 있는데, 이런 소비자의 관성으로 인해 처음 시장에 진입하는 기업이나 브랜드가 어려움을 겪는다.

사람은 습관의 동물, 즉 관성의 동물이다. 사람들은 기존의 인식과 행동을 바꾸게 유도하는 뚜렷한 자극이 없으면 습관적으로 똑같은 행동을 한다. 이러한 습관을 깨야 새로운 시장과 브랜드를 만들 수 있다. 관성에 쓸려 가는 평범한 브랜드는 세상에 알려지기 어렵다. 성공하는 브랜드는 세상의 관성을 깨는 힘을 가지고 있다. 물론 관성을 깨는 힘을 갖기란 결코 쉬운 일이 아니지만 그 순간을 반드시 이겨 내야 브랜드를 성공시킬 수 있다.

언젠가 TV에서 한 차력사가 비행기를 옮기는 장면을 본 적이 있다. 차력사가 차력을 시연하는 것을 유심히 살펴보니 비행기를 옮길 때 처음이 가장 어려워 보였다. 일단 비행기가 앞으로 살짝 움직이면 그다음부터는 수월해졌다. 이는 비행기를 땅에서 움직이지 못하도록 붙잡고 있는 관성이 깨졌기 때문이다. 이처럼 관성을 깨는 그 순간이 가장 힘들다.

캐나다의 25세 백수 청년인 카일 맥도널드(Kyle Maconald)는 물물 교환을 통해 세상이 만들어 놓은 관성적인 생각으로부터 자신의 다른 생각이 옳다는 것을 증명하고 싶었다. 그는 자신의 시간을 팔아 일자리를 구해야 한다는 생각에 의문을 품었다. 그래서 그런 생각이 무조건 맞지 않다는 것을 증명하기 위해 'Bigger and Better'라는 게임을 계획하고 실행하기로 마음먹었다. 그가 고안한 이 게임은 상품의 가치와 상관없이 물물 교환만을 통해 아주 작은 것에서부터 크고 좋은 것을 얻는 게임이었다. 그가 처음에 교환할 물건으로 선택한 것은 빨간 클립 한 개였다. 그리고 물물 교환을 통해 최종적으로 소유할 목표물은 큰 집 한 채였다.

목표를 정한 그는 바로 자신의 블로그에 이 게임을 소개하고 규칙을 올렸다. 그리고 빨간 클립을 다른 물건과 바꿀 사람들을 수소문했다. 놀랍게도 얼마 지나지 않아 빨간 클립 한 개는 물고기 모양의 펜 한 개와 교환되었다. 그리고 그 펜은 다시 캠핑 스토브로 교환되었다. 그렇게 1년이 지났다. 그동안 카일은 14번의 교환을 했다.

14번째의 교환이 끝난 어느 날, 그에게 집 한 채가 생겼다. 그의 목표대로 단 하나의 빨간 클립이 집 한 채로 바뀐 것이다. 그는 세상 사람이 당연히 불가능하다고 코웃음친 일을 실천하여 결과로 보여 주었다. 이것이 바로 관성을 깨는 도전이 불가능을 가능하게 만든다는 것을 보여 준 좋은 사례이다.

많은 과학자가 인간의 두뇌는 1초에 약 4,000억 비트의 정보를 접한다고 밝혔다. 4,000억 비트의 정보를 책으로 환산하면 약 60만 권으로, 국립중앙도서관에 있는 책의 10분의 1 수준이다. 사람들은 단 10초 만에 국립중앙도서관에 꽂혀 있는 엄청난 양의 정보를 받아들이는 셈이다. 하지만 우리의 의식은 이런 엄청난 양의 정보를 한꺼번에 처리하지 못한다. 그래서 택한 방법이 필터링, 즉 취사선택이다.

전체 4,000억 비트의 정보 중에서 관심을 둘 만한 2,000비트 정도의 정보만을 추려 의식적으로 받아들이고, 나머지 정보들은 무의식의 영역에 저장한다. 우리가 의식적으로 받아들이고 있는 정보는 전체의 100만 분의 1도 안 되는 양인 것이다.

고도로 진화된 생물인 우리는 에너지 소모를 최소화하는 방향으로 진화해 왔다. 의식도 마찬가지이다. 우리의 두뇌가 어떤 정보를 처음 받아들일 때에는 낯선 정보이기 때문에 중요하게 다루어진다. 우리에게 위협이 될 수 있거나 유익할 수 있는 새롭고 가치 있는 정보라 여겨지기 때문이다. 그래서 그 정보는 꼭 처리해야 하는 2,000비트 안에 들어와 의식적으로 처리된다. 하지만 똑같은 정보가 계속 들어오면 두뇌는 이 정보를 가치 없는 시시한 정보로 단정 짓는다.

그래서 두뇌가 이 정보를 처리해야 하는 에너지를 최소화하기 위해 정보를 무시하든지 중요하지 않은 것처럼 처리하게 된다. 이것이 습관화된 의식이고 의식의 관성이다. 의식의 관성은 새로운 기업과 새로운 브랜드를 만드는 브랜드 매니저가 주목해야 하는 큰 요소이다. 나의 기업과 브랜드가 소비자의 의식의 관성을 깨지 못하면 2,000비트 안에 처리되지 못하고 그냥 지나가는 노이즈 정보가 되기 때문이다.

미국의 발명가인 딘 캐먼(Dean Kamen)은 유명한 투자가인 존 피어폰트 모건(John Pierpont Morgan)을 예로 들어 이런 말을 한 적이 있다.

"만약 존 모건이 회의 중에 '이번에 우리 회사가 미국을 횡단하는 철도를 건설하려고 한다네. 여러분은 어떻게 생각하는가?'라고 물었다면 그의 회사 내에 있는 MBA들은 하나같이 '회수가 불가능한 사업에 과다한 투자를 하는 것입니다. 서쪽에는 아무것도 없어 투자 가치가 없습니다.'라고 말했을 것이다. 하지만 모건은 똑똑하고 냉철한 MBA들에게 '바보들아! 그곳에 아무것도 없다는 것은 나도 알아. 그래서 철도를 놓으려는 거야.'라고 말했을 것이다."

딘 캐먼의 말처럼 기회는 꼼꼼한 분석에만 있는 것이 아니다. 기회는 관성을 깨는 도전 속에 조용히 숨어 있기도 하다.

내가 중학교에 다닐 때의 일이다. 나는 음악 시간이면 종종 앞에 나가

반 대표로 노래를 했다. 그때 나는 그룹 넥스트의 '영원히'라는 노래를 자주 불렀다. 그 노래에 이런 가사가 나온다.

남들과 닮아 가는 동안 꿈은 우리 곁을 떠나네.

다른 브랜드와 닮아 가면 고객은 하나둘씩 떠난다. 경쟁사들과의 싸움은 점점 더 힘겨워지고, 승리와 성공은 점점 더 멀어진다. 지금은 하이테크 시대가 아니다. 이제는 하이 아이디어 시대, 즉 하이디어 시대이다. 기술의 진보성이 아닌, 고객의 원츠를 누가 더 잘 파악하고 완벽하게 실현하는 '아이디어'를 내느냐가 가장 중요한 평가 기준이 된다. 이 사실을 인지한 상태에서 출발해야 재미있는 여정의 스타트를 제대로 끊는 것이다.

관성을 깨고 다른 사람들과 다른 길로 달려가는 것은 늘 불안하다. 하지만 그럼에도 목표를 향해 달려가다 보면 그 불안감은 성공에 대한 설렘으로 바뀔 것이다. 알베르트 아인슈타인(Albert Einstein)은 "상식은 열여덟 살에 습득한 편견의 집합이다."라고 말했다. 상식을 깨야 큰 업적을 이룰 수 있다는 것을 항상 기억해야 한다.

CHAPTER 05

작지만 큰 목소리

유치원의 학예회가 열리기 전이면 아들을 둔 엄마들은 자신의 아들이 백설공주 연극에서 왕자 역할을 맡을지, 난쟁이 역할을 맡을지 상당히 궁금해한다. 그러다 아들이 왕자 역할을 맡아 공연을 하게 되면 괜스레 우쭐한 마음에 자신의 SNS에 왕자로 분한 늠름한 아들의 모습을 슬쩍 올리기도 한다.

이와 달리 난쟁이 역할을 맡은 아이들의 엄마들은 왠지 기분이 좋지 않다. 하지만 엄마들의 기분과 상관없이 난쟁이들은 백설공주 연극에 재미를 주는 가장 중요한 요소이다. 사람들은 멋진 옷을 입고 반짝이는 칼을 찬 왕자보다 난쟁이들의 다양한 생김새와 캐릭터, 위트 있는 대사와 행동에 더욱 큰 재미를 느낀다. 난쟁이들이 만들어 내는 관중들의 웃음에서 그들의 중요성을 알 수 있다.

　우리 주변에는 백마 탄 왕자와 같은 브랜드가 상당히 많다. 몇백 년이 넘는 역사를 가지고 있고, 언제나 유명 셀러브리티들에게 사랑받으며, 다양한 곳에 협찬되어 많은 사람에게 지속적으로 노출되고 있는 그런 브랜드들 말이다. 매장에서 그러한 브랜드들을 구경하려면 줄을 서야 할 때도 있다. 그런데 그렇게 멋져 보이는 브랜드들의 수명이 점점 줄어들 것으로 보인다.

　2014년 4월에 구찌 그룹 코리아가 공시한 자료에 따르면, 2013년 상품 매출액은 2,415억 원으로, 전년 매출액인 2,548억 원보다 약 5.2% 줄었다. 영업 이익도 283억 원으로, 전년의 310억 원에 비해 8.7% 줄었다. 구찌 측은 이렇게 밝혔다.

　"2004부터 2009년까지 국내 매출이 매년 30%씩 성장했지만 2012년부터 2013년까지는 감소세를 기록했다. 경기 불황에 따른 전반적인 소비 심리 악화와 백화점들의 고객 감소 영향 등을 받은 것으로 보인다."

　다른 명품 브랜드들 역시 마찬가지이다. 2013년 펜디 코리아의 영업 이익은 전년의 3분의 1 수준으로 떨어졌고, 페라가모 역시 40퍼센트 넘게 급감했다.

　이는 고가의 멋진 이미지만을 계속해서 추구해 온 정통 명품 브랜드들이 새로운 개념의 명품을 찾는 소비자의 변화에 대응하지 못했고, 폐쇄적인 국내 유통 시장의 허점을 이용하여 제품의 가격을 올리면서 매출액을 늘리는 변칙적인 방법이 해외 직구와 해외 구매 대행 활성화의 파도를 피하지 못했기 때문이다.

반면, 난쟁이 브랜드들의 선전은 점점 더 돋보인다. 기존 제품들과 전혀 다른 개성과 위트, 합리적인 가격 정책을 무기로 접근하는 새로운 브랜드들이 기존 명품 시장에 하나둘 진입하여 의미 있는 매출을 달성하고 있다. 이러한 브랜드들은 다양한 개성과 상품군을 바탕으로 소비자들의 원츠를 빠르고 정확하게 만족시켜 나가고 있다.

대형 쇼핑몰이 아닌 소규모 편집숍을 이용하는 사람이 많아진 것, 이름만 들어도 아는 프랜차이즈 식당보다 규모는 작지만 사람들의 입소문을 탄 식당에 사람이 몰리는 것 모두 난쟁이 브랜드 선전의 좋은 예이다. 스타벅스와 카페베네보다 작은 로스터리 카페를 선호하는 사람이 많아지고, 대형 출판사에서 쏟아져 나오는 책보다 작은 규모의 출판사에서 종종 한두 권씩 출판되는 책이 더 좋은 반응을 이끌어 내는 것 역시 마찬가지이다.

이런 트렌드는 계속해서 가속될 것이다. 이제는 많은 사람이 규모 같은 겉모습보다는 제품과 서비스가 가지는 진정성과 콘텐츠 자체에 관심을 보이고 있다.

최근 대형 프랜차이즈 빵집의 선두주자인 파리바게트의 매장은 3,300여 개를 돌파했고, 뚜레쥬르는 현재 1,300여 개의 매장을 보유하고 있다. 주변을 둘러보면 파리바게트 혹은 뚜레쥬르를 쉽게 찾아볼 수 있다. 이에 정부는 프랜차이즈 빵집을 규제하고자 노력하고 있지만, 아직까지 특별한 효과는 없어 보인다.

하지만 작은 난쟁이 브랜드들도 나름대로 선전하고 있다. 대표적인 난쟁이 브랜드는 서울 서초동에 위치한 '김영모 과자점'이다. 김영모 과자

점은 대형 프랜차이즈 제과점이 전국 곳곳을 장악한 가운데 30년이 넘는 전통을 고수하여 서울 3대 제과점으로 우뚝 섰다. 1982년에 김영모 과자점 1호점을 개점한 김영모 장인은 1998년에 대한민국 제과기능장, 2003~2008년에 대한제과협회 회장, 2007년에 대한민국 제과명장에 올라 명실상부한 국내 제과업계 1인자로 꼽힌다. 현재 김영모 과자점은 총 180여 명의 직원이 100억 원에 달하는 연 매출을 올리고 있다.

이처럼 강력한 경쟁자들과의 힘겨운 싸움에서 쓰러지지 않는 비결은 자신의 강점과 고객의 요구에 집중하는 노력에 있다.

백마를 탔다고 뽐낼 필요도 없고, 난쟁이라고 움츠러들 필요도 없다. 요즘 사람들은 자신의 마음을 잘 알아주고 자신과 '코드'가 잘 맞는 브랜드를 원한다. 고객들의 원츠를 정확히 파악하고 딱 맞는 제품을 만들어 공급하는 브랜드, 한정적일 수 있지만 자기만의 목소리를 가지고 적극적으로 고객과 소통하는 브랜드인 나노 브랜드가 결국에는 승리를 거둔다. 나노 브랜드는 작은 시장에서 한정적인 사람들에게 강력한 브랜드로 인지되어 큰 힘을 발휘한다. 큰 규모의 단일 브랜드 하나로는 고객들의 욕망을 충분히 충족시킬 수 없는 시대가 도래한 것이다.

CHAPTER 06

영원한 1등,
영원한 고객은 없다

　기원전 6세기경, 그리스의 철학자 헤라클레이토스(Heraclitus)는 "같은 강물에 발을 두 번 담글 수 없다."라고 말하며 세상의 모든 것은 변화한다는 사실을 강조했다. 돌이켜 보면 삐삐, 플로피 디스크, 시티폰 등 새로운 것들에게 시장을 내주고 쓸쓸히 사라진 제품이 상당히 많다. 한 시대를 풍미한 제품들이 다른 제품들에 밀려 사라지면 해당 제품 분야에서 나름의 입지를 가지고 있던 브랜드나 기업들도 함께 사라져 버린다.

　변화의 바람에 민감하게 반응하지 못하면 영광스러운 시절은 금세 과거가 된다는 사실은 브랜드와 기업에게는 견디기 힘든 스트레스이다. 이런 기업들의 스트레스 지수는 현대 사회가 정보화 사회로 진입한 이후에 더욱 가속화되고 있다.

시장을 개척한 개척자가 마지막까지 승리자가 되는 경우는 극히 드물다. 비지칼크는 최초의 개인용 스프레드 시트였다. 하지만 현재는 존재하지 않기 때문에 이 회사의 이름을 들어본 사람은 드물 것이다. 비지칼크는 로터스 1-2-3에게, 로터스 1-2-3은 마이크로소프트의 엑셀에게 스프레드 시트 시장의 1등 자리를 빼앗겼다. 엑셀은 그 분야 자체를 자신의 브랜드로 완벽하게 정복해 버렸다.

이러한 사례는 매우 많다. IBM도 처음부터 컴퓨터 시장의 선두 업체가 아니었다. 최초로 성공한 상업용 컴퓨터 유니박을 판매한 레밍턴 랜드를 밟고 올라온 것이다. 이처럼 처음으로 시장을 개척하고 선도한다고 해서 영원히 1등이라는 법은 없다.

일본의 전자 업체인 샤프는 자사의 기업 이름이자 브랜드인 '샤프'를 미국의 최대 가전 판매 체인점인 베스트바이에게 TV 제품의 브랜드로 사용할 수 있도록 사용권을 판매했다. 한 시절을 주름잡던 샤프가 돈을 벌기 위해 이름까지 판매하는 굴욕을 당한 것이다. 하지만 이는 샤프만의 문제가 아니다. 일본의 소니와 핀란드의 노키아 역시 시대의 흐름에 맞는 경영적 판단과 브랜드 전략이 얼마나 중요한지 말해 주며 몰락했다.

일본의 소니는 세계적인 전자 회사였다. 소니의 워크맨을 손에 쥐고 소니의 헤드폰을 끼고 다니면 사람들의 시선을 한 몸에 받았고, 집에 소니 TV라도 있으면 친구들에게 재벌 2세급의 대우를 받았다. 그 시절 소니의 아성에 도전장을 낼 수 있는 전자 회사는 전 세계 어디에도 없었다. 하지만 21세기에 들어서면서 소니는 급격히 힘을 잃었다.

노키아도 마찬가지이다. 노키아는 우리나라의 삼성과 같은 핀란드의 국민 기업이다. 2000년대 초반까지만 해도 노키아는 절대 파워를 지닌 세계적인 공룡 기업으로 대우받으며 다른 기업들의 벤치마킹 대상이었다. 노키아를 탄생시킨 핀란드까지 이슈가 되어 우리나라에도 핀란드 정치와 교육에 대한 프로그램이 방영되며 핀란드 열풍이 불기도 했다.

하지만 노키아의 영광은 오래가지 않았다. 스마트폰 시장으로의 고객 전환에 대응하지 못하고 피쳐폰의 브랜드를 스마트폰으로 그대로 가져온 것이 화근이었다. 많은 투자와 실험에도 불구하고 노키아는 몸집이 거대해지면서 나타난 경영진들의 안일함, 미래를 예측하고 집중할 수 있는 리더십의 부재, 둔해진 의사 결정 등으로 시장의 주도권을 빼앗기고 결국 연속된 적자로 인해 MS에 팔리게 되었다.

소니와 노키아의 예를 통해 알 수 있듯이 거대 기업의 단일 브랜드 전략은 한계에 봉착했다. 기존의 성숙한 브랜드는 기존대로 가져가면서 소규모의 신규 브랜드를 꾸준히 만들어 주는 것을 새로운 전략으로 선택해야 할 때이다. 그것도 다양해진 사용자의 원츠를 꼭 채워 줄 수 있는 나노 브랜드로 말이다. 과잉 성숙 시장에서는 고객들의 브랜드 충성도가 희미해지기 때문에 참신한 가치를 제공해 줄 수 있는 제품 그 자체와 스토리만이 시장을 리딩하는 원동력이 될 수 있다.

국내에서도 1등의 자리를 지키던 기업이 한 번에 무너진 예는 얼마든지 있다. 얼마 전 〈동아일보〉에 '상대가 강하면 피해 가는 것도 전략'이라는 제목으로 국내의 한 완구 업체의 성과를 분석한 기사가 실렸다. 엄청난 성과를 낸 주인공은 영실업의 '또봇'이었다. 이전까지 국내 남자아이들의 완구 시장에서 최고 강자로 군림했던 것은 일본 반다이사의 '파워레인저 시리즈'였다. 대형 마트나 장난감 쇼핑몰에서 파워레인저의 파워는 상당히 막강했다. 남자아이가 있는 집에 가 보면 대부분 상당히 많은 양의 파워레인저가 자리를 차지하고 있었다.

하지만 몇 년 전부터 '또봇'이 파워레인저와 선두 다툼을 시작하더니 어느새 시장의 1위로 등극했다. 아이들이 또 사 달라고 해서 '또봇'이라는 우스갯소리가 있을 정도이다. 이 완구 업체의 선전은 국내 완구 업계에서 유래가 없었기 때문에 더욱 화제가 되었다. 〈동아일보〉는 또봇의 성공 비결을 다음과 같이 분석했다.

첫째, 비어 있는 시장에 집중화 전략을 사용했다.
둘째, 비용 우위 차별화 전략으로 경쟁 우위를 확보했다.
셋째, 시장 환경에 부합하는 사업 모델을 개발해 적용했다.
넷째, 글로벌 강자의 전력 변화에 효과적으로 대비했다.

영실업은 일본의 반다이사라는 초대형 완구 업체에 맞서기 위해 끊임없이 도전했다. 그들은 상대방의 강점을 정확하게 분석하고 대상 고객군을 한정한 후에 그 고객군에 맞는 마케팅을 집중적으로 진행했다. 이것이 영실업의 승리의 비결, 나노 브랜드의 승리의 방정식이다.

당신은 분명 교통카드를 이용하여 지하철에 승차할 것이다. 그렇다면 우리가 흔히 사용하던 종이 티켓을 만든 사업체는 모두 어디로 갔을까? 종이 티켓을 납품하던 업체가 교통카드를 만드는 RFID 사업을 하고 있을까? 또한 지하철역에서 흔히 구할 수 있었던 〈메트로〉, 〈AM7〉 등의 무료 신문은 모두 어디로 갔을까? 신문을 만들던 사람들이 전자 신문 사업이나 모바일 기기에 신문 콘텐츠를 공급하고 있을까?

세상은 점점 빠르게 변하고 있다. 이런 가속은 잠깐의 시간이면 글로벌 공룡 기업도 역사 속 화석으로 만들 수 있다. 점점 빠르게 변화하는 세상보다 한발 더 빠르게 대응하며 다른 경쟁사가 대체할 수 없는 제품을 만들어야 한다. 또한 개별 고객의 원츠를 충족시킬 수 있도록 계속해서 진화해야 한다. 진화가 멈추면 바로 도태가 시작된다.

물건과 서비스가 널려 있는 과잉 성숙 시장에는 특정 브랜드를 선택하는 브랜드 충성도가 희석된다는 사실을 반드시 기억해야 한다. 당신의 브랜드가 고객의 충성도를 담보하는 브랜드로 꾸준하게 성장하고 있는가를 항상 체크해야 한다.

지금은 환난의 시기이다. 이러한 시기에는 1등의 자리를 차지하는 것보다 1등의 자리를 수성하는 것이 더욱 어렵다. 하지만 우리는 이 상황을 '성을 차지할 수 있는 기회가 더 커졌다.'라고 받아들이자. 기회는 어디에나 있고, 다행히도 그 기회는 점점 더 커지고 있다.

어느 날, 당나라의 태종이 신하들이 모두 모인 자리에서 이렇게 물었다.
"창업이 어려운가, 수성이 어려운가?"
신하들은 당나라를 세운 태종의 앞이라 모두 "창업이 어렵습니다."라고 대답했다. 하지만 충신이었던 위징은 이렇게 말했다.
"예부터 임금의 자리는 환난 속에서 어렵게 얻어, 안일 속에서 쉽게 잃는다 하였습니다. 그러니 수성이 더 어려운 것으로 생각됩니다."

CHAPTER 07

공룡과 개미의 차이

예나 지금이나 공룡은 아이들에게 인기가 많다. 서점에 가 보면 공룡에 대한 책이 상당히 많이 출간되어 있고, 공룡을 주제로 한 테마파크도 조성되어 있다. 또한 공룡은 아이들의 장난감 세계에서 하나의 큰 카테고리를 차지한다. 일부 열성인 아이들은 6,500만 년 전에 멸종하여 지금은 화석으로만 남아 있는 공룡들의 이름, 생김새, 습성들을 줄줄 외운다. 공룡에 관한 영화, 애니메이션, 다큐멘터리 등이 여전히 주목받고 흥행하는 것을 보면 멸종한 공룡들은 콘텐츠 형태로의 변형된 삶을 살며 제2의 번성기를 맞고 있는 듯하다.

반면에 개미는 어떠한가. 소설가 베르나르 베르베르(Bernard Werber)의 저서에 주인공으로 나오고 애니메이션으로 만들어지기도 했지만 그

다지 인기가 많지 않다. 그저 동화 〈개미와 베짱이〉에 나오는 것처럼 열심히 일하는 성실한 곤충이라는 인식이 전부이다.

하지만 선입견을 버려 보자. 장난감 혹은 콘텐츠라는 관점이 아니라 생물이라는 관점에서 이 둘을 냉정하게 비교해 보면, 전혀 다른 사실에 놀라게 될 것이다. 공룡과 개미 중 어떤 생물이 더욱 훌륭할까? 모든 생물의 삶은 종의 번식과 자신의 유전자를 멀리멀리 흩뿌리는 데 기본 목적이 있다는 명제를 기준으로 생각해 볼 때 멸종하여 화석으로만 남아 있는 공룡보다는 아직도 여기저기에서 당당하게 번성하고 있는 개미가 더욱 훌륭한 생물이라고 할 수 있다.

개미는 1억 3,000만 년 전부터 지구에서 살고 있다. 전 세계에 12,000여 종의 개미가 살고 있는데, 토착종의 개미가 없는 지역은 남극 대륙밖에 없다. 개미는 전 지구 생태계에서 가장 많이 번성한 종으로, 전체 생물체 무게량의 15~25퍼센트를 점하고 있어 작지만 가장 무거운 종으로 알려져 있다. 그렇다면 개미는 어떻게 1억 3,000만 년 전부터 지금까지 살아남을 수 있었을까?

일단 몸집이 작은 개미는 공룡에 비해 수가 많다. 개체의 수가 많은 것은 개미 종족 전체로 보면 돌연변이, 즉 그룹 내에서 변화를 가질 수 있는 기회가 많다는 것을 의미한다. 다양한 변화가 가능하다는 것은 더욱 다양한 환경에 적응할 수 있다는 것을 뜻한다. 그만큼 여러 환경에 다양하게 뻗어 나가 생존의 기회가 많다는 것이다.

재미있는 가정을 해 보자. 계산 편의상 길이가 12~13미터에 키가 4~7미터인 티라노사우루스의 무게를 1톤이라 가정하자. 암컷 티라노사우루스 한 마리에게 티라노사우루스 3마리가 태어나 총 4마리의 티라노사우루스가 지구상에 있다. 총 무게 4톤의 티라노사우루스들은 운이 좋게도 돌연변이가 일어나 각기 다른 환경에 적응할 수 있도록 태어났다. 첫째는 추위에 잘 버틸 수 있도록 털이 발달했고, 둘째는 더위에 잘 버틸 수 있도록 발한 기관이 발달했으며, 막내는 먹이 사냥을 잘 할 수 있도록 다리 근육이 발달했다.

이번에는 개미를 살펴보자. 역시 계산 편의상 개미 한 마리당 10그램이라고 가정하자. 1톤이면 10만 마리이다. 여기에서 30만 마리의 새끼 개미가 태어나고 총 40만 마리의 개미가 4톤의 전체 생물량을 지녔다. 2세로 태어난 30만 마리의 개미는 30만 가지의 변화에 적응할 수 있는 각각의 돌연변이를 지녔다.

공룡과 같은 무게이지만 환경의 변화가 왔을 때 이 차이는 사뭇 충격적인 결과를 낳는다. 어느 날, 지구에 떨어진 운석 때문에 지구의 모든 환경이 바뀌어 버렸다. 운석이 떨어지면서 생긴 흙먼지 구름이 대기권을 가려 햇빛을 차단했고, 그로 인해 광합성을 하는 식물들은 모조리 죽고 이끼류만 살아남게 되었다.

티라노사우루스 중에 첫째만 추위에 잘 견뎠다. 그래서 조금 더 버텼지만 초식을 하지 못하는 관계로 얼마 견디지 못했고, 이내 티라노사우루스의 가족은 멸종되었다. 하지만 개미는 달랐다. 변화된 30만 돌연변이의 일부는 용케도 추위에 강하고 이끼를 먹고살 수 있는 개체였기 때문이다. 실제로 개미는 이렇게 여러 번의 멸종 위기를 견뎌 왔다.

극단적인 예로 보일지 모르지만, 위의 예는 오히려 공룡에게 유리하게 가정한 것이다. 개미의 무게와 번식력을 계산하기 쉽도록 매우 작게 조정했기 때문이다. 개미의 적응력은 공룡의 수천 배 이상일 것이다.

또 하나, 개미가 수많은 환경의 변화에 적응하며 살아갈 수 있었던 이유는 공생에 있다. 공생이란 말 그대로 같이 산다는 의미로, 어느 한쪽이 빌붙어 사는 기생과 어느 한쪽만 이익을 받는 원조와는 다른 의미이다. 또한 공생은 공간만을 공유하는 것이 아니라 실제로 서로 보완해 주어야 한다. 예를 들어 곰등이와 연가시의 경우, 이 둘은 같이 살지만 서로를 도와주지 않는다. 연가시가 일방적으로 곰등이에 기생하는 것이고, 곰등이는 연가시에게 숙주로서 이용당하며 원조를 해 주는 셈이기 때문에 공생이라 할 수 없다.

제품과 브랜드도 마찬가지이다. 너무 커다랗고 개발 비용을 과다하게 투자한 한두 개의 제품만으로는 지구의 환경 변화와 같은 소비자의 소비 패턴 변화와 트렌드 변화에 취약할 수밖에 없다. 또한 서로 도움을 주고받는 공생 없이 독불장군식의 기업과 브랜드도 변화에 취약해질 수밖에 없다. 우리나라의 기업과 브랜드 구조가 불안하고 취약한 이유도 공룡과 개미의 비교에서 알 수 있다. 반면 나노 브랜드의 힘과 생존력은 개미의 그것과 같다. 현명한 개미 같은 나노 브랜드들은 자기 자신이 할 수 있는 하나의 작은 곳에 집중한다.

1952년에 침낭 등을 만들던 몽클레어는 2003년에 이탈리아의 기업가인 레모 루피니(Remo Ruffni)에게 인수되었다. 레모 루피니는 브랜드를 인수하면서 당대 최고의 패션 디자이너들과 협업 상품을 내며 획기적인 브랜드 가치의 상승과 매출의 상승을 일으켰다. 그 전략의 중심에 있었던 것은 패딩 재킷 한 분야에 집중하고, 그 패딩 재킷을 소비자의 변화에 맞추기 위해 끊임없이 변화시켜 갔다는 것이다.

마찬가지로 PC 주변 기기 중에서 가장 브랜드 가치가 높은 로지텍은 컴퓨터 마우스에만 전사의 역량을 집중했고, 기능적으로 우수하면서도 디자인적으로도 뛰어난 제품을 계속해서 시장에 내놓았다. 로지텍도 개미와 똑같은 전략을 취한 것이다.

너무 큰 규모의 아이디어는 실행을 지연시킨다. 큰 변화보다는 꾸준하고도 실제적인 변화를 만들어야 한다. 커다란 브랜드의 덩치는 상대에게 과시를 할 때만 필요가 있는 수사슴의 큰 뿔과 같다. 사냥꾼에게 쫓길 때와 상황이 같은 오늘날에는 걸리적거리는 걸림돌일 뿐이다.

위대한 생물학자인 찰스 다윈(Charles Darwin)은 최후까지 살아남는 종은 '크고 강한 종'이 아니라 '끊임없이 변화하는 종'임을 강조했다. 끊임없이 변할 수 있는 브랜드, 이런 브랜드가 강한 브랜드이다. 그러기 위해서는 작아야 한다. 이렇게 작은 브랜드가 바로 나노 브랜드이다.

CHAPTER 08

나노오션, 나노브랜드, 나노브랜드 마케팅

'블루오션'은 기업과 브랜드를 이끌며 마케팅의 선두에서 진두지휘하는 사람들에게 10년 전부터 끊임없이 강조되고 있는 단어이다. 이 단어는 프랑스 인시아드 경영대학원 국제경영 담당 석좌교수이자 유럽연합 자문위원인 김위찬 교수와 르네 모보르뉴(Renee Mauborgne) 교수가 함께 집필한 《블루오션 전략》에서 유래했다. 《블루오션 전략》은 2005년 2월에 하버드 경영대학원 출판사에서 출간되어 순식간에 베스트셀러 목록에 올랐고, 100여 개의 나라에서 26개 언어로 번역되어 출간되었다.

저자들은 이 책에서 기업이 발상 전환을 통해 단순한 양적 경쟁 원리에서 벗어나 고객에게 특별하고 매력 있는 상품과 서비스를 제공하여 누구와도 경쟁할 필요가 없는 자신만의 독특한 시장, 즉 '블루오션'을 만들어야 한다고 강조했다. 그리고 블루오션과 반대의 개념을 이미 너무 잘 알려져 있어 경쟁이 매우 치열한 시장인 레드오션(red ocean)이라 정의하며 서둘러 레드오션에서 빠져나와야 한다고 피력했다.

다른 시장을 만들고, 차별화된 제품을 만들고, 새로운 수요를 창출해야 한다는 의견에는 동의하지만 실제 비즈니스 현장에서 쓸 수 있는 실재적인 활용 방안이 부족했던 것이 사실이다. 그래서 이 책에서는 블루오션을 보완한 나노오션을 이야기하려 한다.

블루오션이 시장의 질적인 면에 초점을 맞춘 것이라면, 나노오션은 시장의 크기에 초점을 맞추고 있다. 블루오션이 새로운 시장의 형성으로 인한 고객의 수요 창출을 강조한다면, 나노오션은 개별화된 고객의 '원츠'를 디테일하게 파악하는 수요의 발견을 강조한다.

나노오션은 마치 빨간 공이 잔뜩 뿌려져 있어 빨갛게 보이는 바다에 빨간 공과 빨간 공의 작은 틈으로 보이는 작은 바다를 의미한다. 나노오션을 공략한다면 저 멀리 보이는 파란 대양으로 가는 노력과 시간을 줄일 수 있다. 즉 레드오션에서도 항상 존재하는 나노오션에 집중하자는 이야기이다. 나노오션은 어디에나 존재하기 때문이다.

'나노 브랜드'는 나노오션을 찾아 비집고 들어가는 작은 잠수함이다. 소비자들의 초개인화된 작은 원츠를 파악하고 그것을 충족시킬 수 있는 제품을 만들고 이를 브랜딩하는 과정에서 탄생하는 것이 나노 브랜드이다. 나노 브랜드는 초세분화된 시장에 최적화된 개별 브랜드라고 정의할 수 있다. 나노 브랜드가 미래 기업의 브랜드 전략에 중요한 축을 담당할 것임은 분명하다.

'나노 마케팅'은 나노 브랜드를 마케팅하는 실무적인 마케팅 방법으로, 정확한 대상에게 마케팅하는 것을 의미한다. 쉽게 말해, 바다에서 헤엄치고 있는 사람들을 그물로 몽땅 잡아들이는 것이 아니라 우리의 제품과 브랜드를 기다리는 사람들에게 꼭 맞는 미끼를 단 낚싯대를 조심스럽게 드리워 하나하나 정성스럽게 낚는 것이다. 그 낚시 과정 중에 밀고 당기고 하는 서로의 힘과 감성의 교환은 나노 마케팅에서는 당연한 일이라는 것을 명심하자.

현재 나는 디지털 기술을 통해 브랜드를 만들고 마케팅을 하는 회사를 운영하며 모바일 마케팅 플랫폼을 개발하여 활용하고 있다. 또한 브랜드 경영 연구소 소장으로서 브랜드와 회사, 브랜드와 개인과의 관계에 대해 연구하고 이 연구 결과를 필요로 하는 회사들과 개인들에게 나누고 공유하고 있다.

이렇게 다양한 분야에서 힘을 쓰는 이유는 나노 브랜드를 좀 더 쉽고 빠르게 만들기 위해서, 내가 운영하고 있는 회사도 나노 브랜드로서 입지를 다지기 위해서이다. 브랜드 마케팅 회사들은 자신의 강점을 가져야 한다. 예전처럼 하청이나 대행만을 가지고 수익을 내기는 어렵다.

고객들의 요구는 점점 세분화되고 다양해지고 있다. 자신만의 비장의 무기를 가지고 있어야 정말 중요한 순간에 사용할 수 있다. 이처럼 기존에 사업을 영위하고 있더라도 언제나 더 작고 강력하게 고객들에게 어필할 수 있도록 사업의 구조와 영역에 과감하게 손을 댈 수 있어야 한다.

세상은 커다란 기업과 대형 브랜드에게 점점 더 불리하게 돌아가고 있다. 제품과 브랜드가 넘쳐 나고 있지만 사람들은 그저 그런 제품과 브랜드에는 관심이 없다. 나노 브랜드만이 그들의 마음을 사로잡을 수 있다. 작은 규모의 기업과 팀에서 만든 나노오션을 타깃으로 하는 나노 브랜드가 나노 마케팅에 의해 소비자들에게 전해질 때 소비자는 마음과 지갑을 연다.

고객 하나하나의 원츠를 들여다보고 나노오션을 찾아라. 그리고 고객의 가치를 증대시키는 나노 혁신이 반영된 제품을 만들고, 그 제품에 꼭 맞는 타깃 고객에게 알릴 수 있는 나노 마케팅을 하라. 그러면 고객들에게 사랑받는 나노 브랜드가 만들어진다.

 KEY POINT

강한 브랜드가 되기 위해선 작아야 한다

지금 세상은 커다란 기업과 대형 브랜드에게 점점 더 불리하게 돌아가고 있다. 너무 커다랗고 개발 비용을 과다하게 투자한 한두 개의 제품만으로는 소비자의 소비 패턴 변화와 트렌드 변화에 대응할 수 없다. 또한 서로 도움을 주고받는 공생 없이 독불장군식의 기업과 브랜드 역시 변화에 취약할 수밖에 없다.
위대한 생물학자 찰스 다윈은 최후까지 살아남는 종은 '크고 강한 종'이 아니라 '끊임없이 변화하는 종'임을 강조했다. 끊임없이 변할 수 있는 브랜드, 이런 브랜드가 바로 강한 브랜드이다.
강한 브랜드가 되기 위해선 작아야 한다. 이렇게 극도로 작은 브랜드가 나노 브랜드이다. 나노 브랜드를 마케팅하는 실무적인 '나노 마케팅'은 정확한 대상에게 효과적으로 마케팅하는 것을 의미한다. 그 제품에 꼭 맞는 타깃 고객에게 알릴 수 있는 나노 마케팅을 진행해야 고객들에게 사랑받는 나노 브랜드가 만들어진다.

작지만 강한 나노브랜드

PART 2

나노 브랜드, 이렇게 탄생한다

쪼개고 또 쪼개야 보인다
작은 변화가 큰 시장을 만든다
중요한 것은 경기가 아니라, 고객의 원츠이다
관찰을 통해 통찰하라
당신의 직관을 믿어라
당신만의 스토리를 만들어라
여자들의 네버엔딩 수다에서 해답을 찾아라
트렌드 리더를 수다스럽게 하라
블랙컨슈머는 속까지 까맣지 않다
고객에게 새로운 경험을 선사하라
때로는 아스팔트길보다 비포장길이 즐겁다

CHAPTER 01

쪼개고 또 쪼개야 보인다

나는 자동차를 좋아해 〈탑기어 코리아〉라는 프로그램을 즐겨 본다. 사실 '탑기어 한국판'이 방송된다는 소식을 접했을 때 불안함을 느꼈다. 영국에서 상당히 유명한 프로그램이고 잡지로도 출판되며 마니아가 형성될 정도로 엄청난 영향력을 발휘하고 있는데, 과연 한국 정서와 잘 맞을까 우려스러웠다. 하지만 막상 뚜껑을 열어 보니 내 생각과 완전히 달랐다. 한국형 포맷으로 상당한 재미를 주었고, 메인 MC인 김진표 씨의 직설적이고 유쾌한 진행과 가감 없는 리뷰가 방송의 맛을 더했다.

하지만 한정된 시간에 다양한 차종을 다루어야 하는 만큼 특정 세그먼트의 경쟁 차종을 자세하게 만나 볼 수 없다는 점은 조금 아쉬웠다. 물론 상대적으로 작은 국내 자동차 시장과 다양성 때문에 어쩔 수 없다는 것은 이해가 간다.

만약 내가 경쟁사 PD로서 자동차 관련 방송을 만든다면 슈퍼카들만 다룬 '슈퍼 기어' 같은 프로그램이나 나아가 포르쉐나 람보르기니, 페라리에 대해 온종일 방송하는 '포르쉐 온' 같은 프로그램을 만들 것이다. 이것이 바로 나노화이며, 더 다양하고 점점 세부적으로 변화하는 고객의 원츠를 만족시켜 줄 수 있는 유일한 방법이다.

골프 채널도 마찬가지이다. 골프를 좋아하는 사람들은 온종일 집에서 골프 채널만 본다고 한다. 그런데 타이거 우즈의 예전 경기들부터 최근의 경기를 계속해서 방송해 주는 '타이거 우즈 올 데이 골프' 같은 채널이 있다면 어떨까? 케이블 TV에서 불가능하다면 VOD 형식의 IPTV 같은 곳에서는 충분히 가능하지 않을까?

생물학에는 '상위 체계에서의 특징이나 행동의 양상은 하위 체계와는 전혀 다르다.'라는 개념이 있다. 쉽게 설명하면, 사람의 몸을 구성하고 있는 가장 작은 단위인 세포가 모인 조직은 비록 조직들이 세포들로 이루어져 있지만 세포와 똑같은 성질과 형태로 있는 것이 아니라 전혀 다른 성질을 띤다는 것이다. 즉 우리 몸에 위가 있다면 위를 이루는 위 세포와 위는 전혀 다른 형태와 특징을 가지며 전혀 다르게 행동한다는 것이다.

여기에서 가장 중요하게 고려해야 하는 사항은 상위 체계와 하위 체계의 변화 속도가 같지 않다는 점이다. 하위 체계, 즉 작은 체계로 갈수록 변화의 속도는 빠르지만 상위 체계, 즉 큰 체계로 갈수록 변화의 속도는 느리다. DNA가 조금 바뀌는 것과 위의 구조가 바뀌는 것의 속도 차이는 차원이 다르다.

이와 같은 현상은 생물학에만 있는 것이 아니다. 아이작 뉴턴(Isaac Newton)으로 대표되는 고전 역학에서 진리로 받아들여지는 사실들은 물체가 태양이나 지구처럼 큰 거시 세계나 빛의 속도보다 훨씬 작은 속도로 운동하는 경우에는 유효하다. 하지만 물체의 크기가 원자 이하인 극히 작은 미시 세계나 물체의 속도가 빛의 속도에 가까운 경우에는 더 이상 유효하지 않다. 즉 크기와 같은 조건에 의해 진리도 변한다는 것이다.

기업과 브랜드도 마찬가지이다. 기업이 변화하는 속도보다 기업 내 하나의 브랜드가 변화하는 속도가 훨씬 빠르다. 그리고 하나의 브랜드가 변화하는 속도보다 규모가 작은 나노 브랜드가 변화하는 속도가 더욱 빠르다. 우리나라는 물론 전 세계적으로 제조업이든 다른 업종이든 모든 형태의 업종들이 채워야 할 시장의 욕구가 이미 모두 충족되었다고 할 수 있다. 그렇기 때문에 더 이상 새로운 블루오션이 나오기 어렵다는 말이 일반화되어 가고 있는 것이다.

브랜드를 구성하고 있는 제품이나 서비스들은 회사의 의사 결정에 의해 상대적으로 빠르게 바뀔 수 있다. 하지만 그런 제품들과 서비스를 근간으로 하는 브랜드의 속성이나 이미지는 빠르게 변하지 않는다. 브랜드는 회사의 일방적인 전달이 아니라 제품이나 서비스가 회사에 의해 생산되고 공급된 후에 고객들에게 사용되면서 고객의 피드백이 합쳐져야 진정한 브랜드로서 자리를 잡기 때문이다.

그렇다면 처음에 브랜드를 만든다거나 성과가 좋지 못한 브랜드를 바로잡으려고 할 때는 어떻게 하는 것이 좋을까? 가장 좋은 방법은 과감하게 낱낱이 쪼개는 것이다. 자사의 제품이나 서비스를 쪼개고, 브랜드를 만드는 일을 하는 팀을 쪼개고, 고객의 원츠를 쪼개고, 마케팅 방법을 쪼개야만 정확한 구조가 보이고, 그로 인해 새로운 시장이 보여 그 안에서 브랜드로서 자리 잡을 수 있는 기회가 보인다. 이를 극단으로 수행했을 때 형성되는 브랜드가 나노 브랜드이다.

KT는 2011년에 엄청난 도전을 했다. 유선 통신을 주요 사업 영역으로 하는 'QOOK' 브랜드와 무선 통신을 주요 사업 영역으로 하는 'SHOW' 브랜드를 합친다는 결정을 하고 이를 아우르는 통합 브랜드인 'olleh'를 론칭했다. olleh 브랜드는 최상의 네트워크를 기반으로 언제, 어디서나 사람과 사람을 연결시켜 주며, 보다 혁신적인 상품과 서비스를 통해 고객의 생활에 더 큰 즐거움과 감동을 제공하겠다는 KT의 비전과 철학을 담고 힘차게 출발했다. olleh는 QOOK, SHOW, 쇼패밀리사이트, 올레마켓, Ucloud, 아이디어팝, KT business 등 모든 KT 통신 사업을 담았기에 제반 비용만 수백억 원이 든 큰 프로젝트였다.

그러나 결과는 참담했다. 97개의 사이트와 80여 개의 협력 업체가 유기적인 시스템을 갖추지 못한 채 올레닷컴으로 단숨에 물리적인 통합을 시도하였고, 이는 고객들의 엄청난 원성을 샀다. 나도 이때 KT 휴대폰을 가지고 있었는데, 로그인 정보가 서로 공유되지 않아 불편함을 겪었다. 고객의 소리에 미처 귀를 기울이지 못하고 진행된 일방적인 통합이 큰 혼란과 불편을 초래한 것이다. KT는 마케팅은 성공적으로 진행했지만 실제로는 고객들의 마음을 잃어 가고 있었다.

다행히 KT는 이 사실을 빠르게 인지하고 고객의 직접적인 피드백과 통합한 사이트의 정밀한 분석을 통해 고객들의 불편 사항을 꾸준히 개선해 나갔다. 그로 인해 지금은 좋은 통합의 예로 남게 되었다. 이는 언뜻 보면 브랜드를 거대화시킨 것으로 보이지만 사실은 하나의 브랜드 안에서 더 작게 사용자를 나누기 위한 수단이었다.

이 세상에 같은 사람은 한 사람도 없다. 마찬가지로 같은 고객도 없다. 세분화할수록 고객이 진심으로 필요로 하는 것이 무엇인지 찾을 확률이 커진다. 그렇게 하려면 고객의 원츠를 알아챌 수 있는 예리한 감각이 필요하다. 시장도 쪼개고, 쪼개야 한다. 연못이 작을수록 물고기를 쉽게 잡을 수 있다. 앞서 언급했듯이 레드오션은 바닷물 위에 빨간 공들을 쭉 뿌려 놓은 것과 같다. 그 공들을 훅훅 젖히고 들어가면 전혀 다른 시장이 보인다.

파티나 클럽에 갈 때 입는 옷만을 전문으로 하는 브랜드는 어떨까? 마술사 옷만 만드는 비즈니스는 어떨까? 스튜어디스 면접용 의상만 파는 쇼핑몰은 어떨까? 일반 의류 브랜드만 취급하는 쇼핑몰보다 분명 단골 고객과 수익률이 높을 것이다. 브랜드가 없는 곳에 브랜드를 만드는 전략이 나노 브랜드의 승리 전략이다. 커다란 '넘버원'이 아닌, 작은 '온리원'의 수명이 더 길다는 사실을 잊지 말아야 한다.

마케팅 방법을 쪼개어 보라. 즉 나노 마케팅을 해 보라. 나노 마케팅은 한정된 자원을 자신이 효율적으로 자신 있게 운용할 수 있는 마케팅 툴에 집중하는 전략으로, 타깃팅이 정확할수록 비용 대비 효율이 좋아진다. 그러기 위해서는 다양한 마케팅 방법에 관심을 가지고 꾸준히 시도해야 한다. 예를 들면 IPTV 광고와 같이 공중파 TV의 광고전에 진행해 보는 것도 좋다. 비용이 상대적으로 저렴하고 비교적 정확한 타깃팅을 할 수 있기 때문이다.

보험 회사, 통신 회사, 상조 회사 같은 브랜드라면 홈페이지와 디지털 광고만으로 나노 브랜드가 될 수 있고 매출을 낼 수 있다. 휴대폰의 어플리케이션으로 들을 수 있는 라디오의 광고들은 광고의 검수 수준이 상대적으로 약해 일반 라디오의 광고보다 더 높은 수위의 광고가 가능하여 의료 광고 등을 많이 진행한다. DMB에서 나오는 광고들도 마찬가지이다. 다양한 나노 브랜드 마케팅은 이후에 다루도록 하겠다.

브랜딩 조직과 마케팅 조직을 쪼개야 한다. 부피가 큰 조직은 오히려 창의적인 아이디어가 태어나고 실행되는 것을 방해하기도 한다. 영감이 싹을 틔우고 만개하여 자기만의 꽃으로 세상을 유혹하기 위해 심플한 브랜드 조직 규모를 유지하는 것이 중요하다. 창의성을 중시하는 사람들은 오래전부터 작은 규모가 큰 규모보다 효율적이라는 것을 알고 작은 형태를 지향해 왔다. 세계적인 디자인 기업이자 세계에서 가장 혁신적인 아이디어 공장으로 불리는 팬타그램이 디자인 본부를 10명 이내의 디자이너와 인턴으로 꾸린 데에는 그럴 만한 이유가 있었던 것이다.

창의성을 최대한 끌어내기 위해서는 영감을 구현하는 과정을 단순화시켜야 한다. 그런데 조직이 크다 보면 과정을 단순화시키는 것이 매우 어렵다. 반면에 규모가 작은 팀은 심플한 소통과 효과적인 회의, 강력한 추진력을 발휘할 수 있다. 그런 점에서 나노 브랜드를 만들어 가는 팀은 규모 자체도 나노화해야 한다.

분자를 쪼개면 원자가 되고 그 원자를 다시 쪼개면 중성자와 양성자가 된다. 이들은 하나의 분자에서 쪼개져 나왔지만 각각 전혀 다른 성질을 띤다. 마찬가지로 커다란 브랜드와 작은 나노 브랜드는 대상 고객과 마케팅 방법 등 모든 것의 성격이 다르다. 그러므로 전혀 다르게 일해야 한다. 고객의 원츠를 쪼개고, 시장을 쪼개고, 마케팅 방법을 쪼개라. 그러면 나노 브랜드가 보일 것이다.

CHAPTER 02

작은 변화가
큰 시장을 만든다

요즘 지하철을 타면 성형외과 광고를 쉽게 찾아볼 수 있다. 그중에서 가장 많이 보이는 것이 양악 수술 광고이다. 얼굴의 위턱뼈와 아래턱뼈의 위치와 크기 등을 변화시켜 사람의 전체적인 이미지를 변하게 하는 수술인 양악 수술은 수술 시 위험도도 높고 수술비도 고가이다. 하지만 그 변화는 극적이다. 새로 태어난 것 같은 수술 전후 사진들이 인쇄되어 있는 광고는 비슷한 고민이 있는 사람들은 물론, 아무 관계 없는 사람들의 눈길을 잡아끌기에 충분하다.

하지만 양악 수술은 너무 극한 변화로 거부감을 주기도 한다. 그래서 나는 인상을 바꾸고 싶다면 양악 수술보다 보조개 수술 같은 작은 수술을 받는 것을 더 지지한다. 양악 수술같이 파격적인 변화만이 인생을 바꿀 수 있는 것은 아니다. 이처럼 제품이나 브랜드도 작은 변화를 통해 시장에서 큰 반향을 일으킬 수 있다.

예전에 은행들은 현금 인출기에서 현금 인출을 한 뒤에 카드를 두고 가는 사람들 때문에 곤란한 일을 많이 겪었다. 하지만 현금 카드를 빼서 챙겨야만 현금이 나오게끔 작동 순서를 바꾸었더니 그러한 일이 거의 사라졌다. 또한 물건을 찍어 만드는 프레스기를 누르는 버튼의 방향을 바꾸어 손이 프레스에 눌리는 산업 재해를 0퍼센트로 만든 작은 변화도 있었다.

작은 혁신은 오뚜기의 '3분 짜장'에도 있다. 끓는 물이나 전자레인지에 돌려 먹는 3분 짜장은 물에 끓인 후 젓가락으로 걸어서 간단히 건져 낼 수 있도록 작은 구멍을 만들어 소비자들을 배려했다. 세계 일류 상품으로 전 세계 90여 개국에서 팔리는 세계 1위 손톱깎이 브랜드 쓰리세븐은 손톱을 깎을 때 튀지 않도록 손톱깎이의 옆 부분을 덧대어 막아 둔 디자인으로 또 한 번 히트를 쳤다.

반창고 분야의 1등 기업이었던 밴드에이드를 캐릭터가 인쇄된 반창고로 간단하게 2등 기업으로 만들어 버린 큐래드의 성공 비결도 단순한 아이디어에서 비롯하였다. 10대들이 티머니로 결제할 수 있도록 한 소녀나라 쇼핑몰도 고객의 구매 패턴의 핵심을 관통한 좋은 아이디어이다.

작은 아이디어에 의한 변화가 1등 브랜드를 만드는 원동력 또는 나노 브랜드가 되는 조건으로 작용한다. 이런 예는 우리의 주변에서 얼마든지 찾아볼 수 있다. 작아서 쉽게 보이지 않을 뿐이다. 어마어마하게 커다란 아이디어는 실현하기 힘들다. 오히려 작은 아이디어가 쉽고 빠르게 큰 변화를 일으킬 가능성이 크다.

비즈니스의 기회와 나노 브랜드는 변화하지 않은 진부한 업종과 분야에서 쉽게 나온다. 작은 혁신이 생기가 없던 시장에 큰 변화를 일으킬 수 있기 때문이다. 이는 마치 1950년대에 지은 초가집이 작은 지진에 쉽게 무너지는 것과 같다. 오래전에는 내진 설계가 되어 있지 않아 최신 건물들은 충분히 견딜 수 있는 작은 지진에도 힘없이 무너지는 것이다. 사람들의 눈에 잘 띄지 않는 것을 눈에 번쩍 띄게 만들고, 존재감이 없는 것을 존재감 있게 만들고, 쿨하지 않은 것을 쿨하게 만드는 것! 바로 이런 것에 비즈니스의 기회가 있다.

비주얼 머천다이저라는 직업이 있다. 조금 생소하게 느껴질 것이다. 비주얼 머천다이저는 시장 조사를 통해 상품의 트렌드를 조사하고 소비자의 기호에 맞는 제품을 고른 후에 매장에 제품이 가장 돋보이도록 진열까지 한다. 사람들에게 제품을 꼭 사야겠다는 시각적·감각적 욕구를 심어주는 역할을 하는 것이다. 비주얼 머천다이저는 아주 작은 곳에 집중하여 작은 것들을 변화시키는 데 매우 능하다. 같은 제품과 비슷한 매장을 꾸미고도 매출에 차이가 나는 것은 아주 작은 차이에서 생긴다.

아웃백스테이크의 조명은 76cm 높이에 고정되어 길게 늘어져 있고, 스타벅스는 그달의 주요 메뉴 세 가지만 커다랗게 적어 놓는다. 조명의 높이에 의해 음식이 더 맛있게 느껴지고, 메뉴가 많으면 고객은 즐거워하는 것이 아니라 선택의 고통을 느낀다는 것을 파악한 것이다.

마이크로소프트사의 CEO였던 빌 게이츠(Bill Gates)는 다음과 같이 말하며 작은 차이의 중요성을 강조했다.

"모든 일에 100퍼센트의 열정과 100퍼센트의 노력을 기울여라. 99퍼센트가 아니라 100퍼센트이다. 99와 100의 차이는 겨우 1이지만 절대 우습게 보면 안 된다. 1퍼센트의 작은 차이로 당신의 인생이 전혀 달라질 수 있다."

나노 브랜드도 마찬가지이다. 1퍼센트의 작은 차이가 매우 큰 결과를 만든다. 포장지의 질감의 차이, 제품에 찍혀 있는 로고의 폰트, 제품 표면의 작은 긁힘, 고객의 전화에 응대하는 상담원의 목소리 톤 등과 같이 작은 것들이 큰 차이를 만든다.

작은 변화를 이끄는 방법은 여러 가지가 있다. 그중 하나가 직원들에게 작은 변화를 이끌어 내는 것이다. 직원들에게서 작은 변화를 이끌어 내기 위해 큰 도전을 한 기업이 있다. 《포춘》이 선정하는 '일하기 좋은 100대 기업'에서 여러 차례 1위로 선정된 구글은 가장 빠른 성장을 하고 있는 인터넷 기업이다. 구글의 직원 수는 3만 명에 이르며, IBM과 골드만 삭스보다 한 직원이 만들어 내는 매출이 많다. 구글은 전 세계 검색 시장의 60퍼센트를 차지하며 안드로이드 운영 체계를 통해 모바일 시장에서도 최강자로 군림하고 있다.

그렇다면 구글의 성장 동력은 어디에 있을까? 작은 변화를 이끌 수 있는 문화를 꼽을 수 있다. 구글에는 최고문화책임자(CCO)가 있다. 그들은 작은 아이디어를 가감 없이 제시할 수 있는 기업 문화를 형성하고, 전체 업무 시간 중 20퍼센트를 본인이 하고 싶은 것을 하게 하여 다른 분야에서의 아이디어를 구글 서비스에 적용할 수 있는 단초를 마련한다. 직원들은 아이디어가 떠오르면 사내 내부 네트워크에 올려 많은 사람에게 조언을 구하고, 검증이 되면 실재의 변화로 만들 수 있는 과정을 진행한다. 이런 과정을 거쳐 나온 아이디어가 바로 지메일, 구글 맵스 등 시장을 선도하고 있는 서비스 브랜드이다.

기업가이자 작가인 세스 고딘(Seth Godin)은 자신의 저서 《보라빛 소가 온다》에서 '탈소비형 소비자(post-sunsumption consumer)'에 대해 정의했다. 탈소비형 소비자는 살 것이 별로 없는 소비자를 말한다. 그들은 필요한 물건은 이미 다 가지고 있고, 원하는 제품도 별로 없으며, 너무 바빠 누군가가 심혈을 기울여 만들어 놓은 물건을 찾아다닐 만한 시간과 여유가 없다.

세스 고딘이 언급한 소비자의 정의는 현대 소비자의 현주소를 정확하게 말해 준다. 이 책에서 저자는 제품의 광고가 아닌 제품의 혁신을 통해 이를 헤쳐 가라고 조언한다. 여기에서 혁신의 방법은 여러 가지가 있지만, 그중에서 소비자가 원하지만 모르고 있었던 원츠를 찾는 나노 브랜드를 만드는 혁신을 추천한다.

나노 브랜드를 만드는 데에는 고도의 기술력과 큰 규모의 투자가 필요하지 않다. 그런 일들은 더 큰 기업이나 기술 집약적인 기업들에서 하도록 일단 내버려 두자. 작은 부분의 번득이는 혁신은 생각보다 기술과 비용이 많이 들지 않는다.

미국의 인터넷 통신 사업자였던 프로디지사는 IBM과 시어스 등이 수십억 달러를 투자하여 만들어진 회사이다. 그곳은 최고의 시설과 완벽한 시스템, 최고의 인력을 가지고 있었다. 반면에 AOL은 스티브 케이스에 의해 설립되었는데, 몇 대의 저렴한 PC만 갖추고 있었다. 하지만 프로디지사는 지나치게 연구와 개발, 최고만을 추구했고 고객의 편에서 생각하지 않았다. 고객이 진정으로 원했던 것은 인터넷 사용을 간단하게 할 수 있도록 도와주는 서비스였다. 이때 AOL은 고객들의 마음을 읽고 인터넷을 간단하게 세팅할 수 있는 CD와 한 달 무료 사용권을 배포했다. 결과는 어땠을까? 프로디지사의 참패였다. 결국 프로디지사는 파산을 하고 말았다. 반면 AOL은 1등 인터넷 통신 사업자로 입지를 굳혔으며 현재는 여러 회사를 합병하면서 종합 미디어사로 발돋움하고 있다.

AOL의 예처럼 고객의 원츠를 이해해야 성공에 더욱 가까이 다가갈 수 있다. 혁신은 고도의 기술 기반에서 나오는 것이 아니다. 독창성, 신기함, 우수한 디자인 등을 갖춘 작은 혁신과 창의적인 것들에 기회가 있다. 한 가지 좋은 소식은 누구나 작은 혁신을 만들 수 있다는 것이다. 기술력과 자금만으로 모든 기업과 브랜드가 성장할 수 있었다면 100년, 200년 된 기업들이 모든 제품과 브랜드를 소유하고 있어야 하는 것이 아닐까?

큰 변화를 만들기 위해 항상 큰 노력이 필요한 것은 아니다. 그리고 큰 변화만이 나노 브랜드를 만드는 것은 아니다. 작은 변화를 먼저 만들어 보자. 작은 변화를 만들기 위해서는 작은 힘으로도 충분하다. 브랜드를 만든다는 사실에 처음부터 겁먹을 필요는 없다. 목표를 향해 달려갈 때 두려움은 가장 큰 장애물이 된다. 작은 변화를 만들어 보겠다는 결심으로부터 나노 브랜드의 역사가 시작된다.

CHAPTER 03

중요한 것은 경기가 아니라, 고객의 원츠이다

'사람은 기본적으로 이기적이다.'라는 말이 있다. 일반적으로 '이기적이다.'라는 말은 자신의 이익만을 차리는 것을 의미하며, 부정적인 의미로 사용된다. 하지만 본래 담긴 뜻은 '자신의 몸의 입장에서 생각하다.'라는 의미이다.

어떻게 보면 사람이 이기적이기 때문에 이 세상은 정상적으로 돌아가고 있는 것이다. 자신을 중심으로 생각하고 행복을 추구하는 인간은 모든 일의 원인이 된다. 당연히 사람인 고객은 이기적일 수밖에 없다.

미국의 마케팅학회는 '마케팅의 본질은 교환이다.'라고 정의했다. 그렇다면 기업은 고객에게, 고객은 기업에게 무엇을 줄까? 간단히 생각해보면 기업은 고객에게 물건과 서비스를 주고, 고객은 기업에게 돈을 준다. 하지만 이런 관점으로 마케팅을 정의하고 기업을 운영한다면, 그 기업은 곧 문을 닫게 된다.

고객은 자신의 이익에 초점을 맞춘다. 자신에게 어떤 이익과 가치를 제공하는지가 가장 중요한 선택의 요소인 것이다. 이에 대해 제일기획의 김홍탁 마스터는 한 강연에서 이렇게 말했다.

"기업은 지금 ROI가 아닌, VOI를 논해야 한다."

여기서 ROI는 'Return On Investment'의 약자로, '투자 대비 수익률'을 말한다. 이는 경영에서 많이 나오는 개념이며 사업을 할 때 사업이 잘 되고 있는지를 평가하는 중요한 잣대이다. 얼마의 비용을 들여 생산, 유통, 마케팅을 했고 그것으로부터 얼마를 벌었다는 숫자적인 지표이다. 또한 VOI는 'Value On Investment'의 약자로, 투자 대비 거두어들인 가치를 의미한다. 이는 무형의 가치도 포함한 개념으로, 좀 더 감성적인 부분에 초점을 맞춘 것이다.

마찬가지로 기업의 입장이 아니라 고객의 입장에서도 ROI와 VOI를 따져 볼 수 있다. 고객이 구매하는 데 들어간 노력과 돈을 고객의 투자라고 봤을 때, 예전 고객은 자신의 투자에서 받는 수익을 제품과 서비스의 유형적인 이득, 즉 얼마나 질이 좋고 편한지에 초점을 맞춰 왔다. 하지만 지금은 그 물건이 주는 가치를 얼마나 받았는지에 초점을 맞춘다. '내가 원하는 유형, 무형의 것을 그 제품과 브랜드가 얼마나 해 주었나?'라는 새로운 잣대를 만들게 된 것이다. 그 잣대에 만족할 만한 브랜드를 만들려면 고객이 원하는 가치, 즉 원츠를 충족시킬 수 있어야 하고, 고객은 그 수준에 따라 브랜드를 선택하고 판단한다.

마케팅이란, 기업의 상품과 브랜드가 주는 가치를 고객에게 연결시키는 모든 행위를 말한다. 고객이 원하는 진정한 가치를 발견하고 그것을 충족시키는 일련의 활동이다. 고객은 제품만을 구매하는 것이 아니라 제품이 주는 가치와 경험까지 구매한다. 프로 야구단이면 프로 야구 티켓을 판매하는 것이 아니라 야구장을 찾은 관중들에게 재미와 즐거운 경험을 팔아야 한다. 고객들이 지불하는 돈은 티켓이라는 유형의 종이에 대한 대가가 아니라, 티켓을 주고 들어가서 받게 될 무형의 가치에 대한 대가인 것이다.

21세기에 와서는 기능적인 필요가 아니라 심리적인 욕망, 즉 니즈가 아닌 원츠 때문에 제품과 서비스를 구매한다. 종영된 미국의 유명 드라마 〈섹스 앤 더 시티〉는 뉴욕에서 생활하는 네 여자의 우정과 직장 생활, 일상 등을 '캐리'라는 여성의 시선에서 그린 작품이다. 이 드라마는 전 세계에서 크게 히트하였고, 특히 여성들에게 큰 지지를 얻었다.

주인공인 캐리는 구두 마니아이다. 자신의 아파트에 구두를 가지런하게 진열할 수 있는 큰 구두장을 소유하는 것이 꿈일 정도로 구두는 그녀에게 신발 이상의 기능적 욕구를 자극하는 매개체이다. 지금 자신을 둘러보면 캐리처럼 '필요성'이라는 기준으로 구매한 것보다는 '원함'이라는 기준으로 구매하여 당신을 감싸고 있는 어떤 것이 있을 것이다. 그것들을 유심히 지켜보는 것이 나노 브랜드를 만드는 시작이다.

그렇다면 고객의 원츠를 어떻게 찾을 수 있을까? 사람들의 원츠를 찾는 몇 가지 좋은 방법을 소개한다.

첫째, 밖으로 나가라.

책상 앞에 앉아 인터넷 검색만으로 텍스트화 되기 어려운 고객들의 '원츠'를 알아차리는 것은 불가능에 가깝다. 고객은 스스로 명확한 답을 알지도 못하고, 그렇기 때문에 알려 주지도 못한다. 따라서 우리는 고객에게 묻지 말고 항상 '왜 일까?'라는 의문을 가지고 철저하게 고객을 관찰해야 한다. 그 과정을 통해 수요를 만들 수 있는 제품을 만들고 고객의 원츠를 해결해 줄 수 있는 효용을 판매해야 한다. 컨설팅 회사들에서 나오는 보고서들은 참고할 만하고, 때로는 새로운 통찰을 주기도 하지만, 이런 아이디어와 통찰은 스스로 직접 검증해 본 후에야 의미 있는 정보로서 힘을 발휘한다.

지하철 2호선에 그냥 무작정 앉아 있어 보기도 하고, KTX를 타고 무작정 부산에 내려가 보기도 하고, 가로수길이나 강남역 카페에서 무작정 시간도 보내 보라. 컴퓨터와 보고서에서 알 수 없었던 고객들의 원츠가 우연히 눈앞에 보일 수도 있고, 갑자기 머릿속에 스칠 수도 있다. 이때 메모지나 스마트폰의 메모 어플리케이션을 필수로 챙겨 무언가가 떠오르면 메모로 남겨 놓는 것이 좋다. 좋은 아이디어는 금방 휘발되기 때문이다.

둘째, 다양한 사람과 교류하라.

한 사람의 생각은 생각보다 편협하다. 다양한 사람에게서 나오는 다양한 이야기가 번뜩이는 아이디어를 줄 수 있다. 고등학생, 대학생, 직장인, 은퇴자 등의 다양한 계층과 디자이너, 기자, 교수, 교사, 요리사, 모델 등과 같은 다양한 직업을 가진 사람들과 대화를 나눠 보라. 충분한 시간을 가지고 여러 가지 범주의 이야기를 디테일하게 나누는 것이 좋다. 겉만 훑는 이야기들에는 아이디어를 만들 만한 요소가 없다. 여기서 중요한 것은 아이디어를 얻으려면 20퍼센트 정도만 말할 것을 추천한다. 나머지 80퍼센트는 상대방이 말하도록 유도해야 한다.

셋째, 자신의 내면을 곰곰이 들여다보라.

내가 원하는 것이 무엇인지 곰곰이 생각해 보는 것도 좋은 방법이다. 나의 내면을 들여다보며 현재 자신이 불편해하고 있는 것이나 꼭 필요한 것을 하나씩 적어 보라. 그곳에서 나노오션이 보이고, 아이디어가 생길 수 있다. 다른 사람에게 방해받지 않는 공간과 충분한 시간은 필수이다.

넷째, 역할 놀이를 통해 타인이 되어 보라.

남자라면 여자의 입장에서 세상과 사물을 보는 노력을 해 보아라. 30대라면 50대의 입장에서 역할 놀이를 해 보아라. 좋은 아이디어가 떠오르면 곧바로 메모하라. 내가 역할 놀이를 한 대상에게 나의 아이디어를 공유하고 검증받아 보는 것도 좋다.

많은 사람이 자신이 제대로 해내지 못하는 이유를 '시장의 포화' 때문이라고 말한다. 제품을 이미 시장에 선보인 상태에서 마케팅으로만 승부하려고 하지 말자. 나노화가 되어 있지 않는 제품들로 하는 제로섬 싸움에서 승리한다 해도 이는 상처뿐인 영광에 지나지 않는다. 우리가 제로섬 싸움에서 항상 승리한다는 보장도 없지 않은가? 고객이 진짜 원하는 것을 찾을 수 있다면 시장 포화라는 구차한 변명을 늘어놓을 필요가 없다.

고객의 작은 욕망을 채워 주는 제품과 브랜드를 기획하는 것이 핵심이다. 기회는 항상 열려 있다. 고객이 원하는 것은 계속해서 바뀌고 우리의 회사와 브랜드에 의해서도 고객이 원하는 것을 바꿀 수 있기 때문이다.

CHAPTER 04

관찰을 통해 통찰하라

신용 불량자의 직업 중에서 의사의 비중이 가장 높다는 기사를 본 적이 있다. 개원을 하기 위해 드는 임대 비용과 인테리어 비용, 의료 장비의 리스 비용이 막대하기 때문이다. 또한 기존에 이미 자리를 잡고 있는 경쟁 병원을 압도할 만한 특색이 없어 생각보다 영업이 어려운 경우는 재무 상태에 문제가 생기게 되고, 이를 넘어서면 신용불량자로 전락하는 것이다.

그만큼 의사라는 직군도 더 이상 안정적이지 않다. 의사들도 여느 직장인들과 마찬가지로 세상 속에서 생존을 향한 힘겨운 싸움을 하고 있다. 의사들 사이에서 의사라는 직업이 '4D 직업(Dirty, Difficult, Dangerous, Dreamless)'이라는 자조 섞인 말까지 나오고 있는 상황이다. 그렇다면 의사들은 어떻게 상황을 헤쳐 나가야 할까?

중소 규모의 병원들도 브랜드와 마케팅의 전쟁에서 자유로울 수 없다. 까다로운 의료법의 테두리 안에 갇혀 있어 다른 분야에 비해 광고나 홍보가 자유롭지 못하다. 병원들은 한정된 광고 홍보 채널과 표현의 한계 등으로 힘겨운 싸움을 계속해서 이어 나가야 한다.

하지만 나노 브랜드를 이용하면 이야기가 달라진다. 나노 브랜드를 만들겠다는 결심을 하는 순간, 새로운 세상과 새로운 전략이 보인다. 자신이 진료하는 분야를 극도로 축소하여 전문화하고, 나아가 새로운 진료 카테고리를 만들어야 한다. 새로운 진료 과목과 새로운 카테고리는 새로운 브랜드 창조의 기회를 제공한다. 새로운 브랜드는 새로운 수요를 부르고 고객에게 강력한 메시지를 던질 수 있다. 기존에 있는 진료 과목을 좀 더 분화시킬 방법을 생각해야 한다.

척추 진료 분야를 예로 든다면 '척추 치료'에서 '비수술 척추 치료'로 카테고리를 축소시키거나 비수술 척추 치료 중에서도 척추 인대 주사 등으로 좀 더 세분화하는 것이 좋다. 안과나 피부과, 성형외과 등에서도 새로운 카테고리를 분화시키고 자신들만의 나노 브랜드를 만들며 앞서가는 의사들과 병원들이 있다. 이렇게 먼저 앞서가는 경쟁 분야를 관찰해야 한다. 잘하고 있다는 것은 무언가가 다르다는 의미이기 때문이다. 똑같이 해서는 똑같은 결과만을 낳는다는 것을 명심해야 한다.

가장 치열한 분야를 관찰함으로써 아이디어를 얻어야 한다. 그리고 그 아이디어를 꾸준히 자신의 분야에 적용해 보는 연습을 해야 한다. 이러한 연습을 통해 실재의 성과를 하나둘 만들어 가다 보면 브랜드에 대한 통찰이 생긴다.

맹명관 포스코 전략대학 교수는 한 강연에서 다음 일화를 소개했다.

어느 날, 호주의 동물원 사육사들이 캥거루가 울타리에서 도망쳐 바깥쪽에 있는 것을 발견했다. 사육사들은 울타리에 망가진 부분이 있었는지 꼼꼼하게 살펴보았지만, 그런 곳은 없었다.

사육사들은 논의를 통해 캥거루가 쉽게 뛰어넘을 수 있을 정도로 울타리 높이가 낮은 것이 문제였다며 울타리를 높이기로 결정하고, 10미터였던 울타리 높이를 20미터로 높였다. 하지만 다음날 아침, 캥거루는 다시 울타리 밖으로 탈출해 있었다. 이에 사육사들은 캥거루의 점프 능력에 놀라움을 금치 못하며 울타리 높이를 30키터까지 높였다. 하지만 그다음날 아침에도 캥거루는 울타리 밖으로 나와 있었다.

깜짝 놀란 사육사들은 캥거루가 어떻게 울타리를 넘었는지 확인하기 위해 밤을 새며 지켜보기로 했다. 그날 밤, 캥거루가 움직이는 것을 본 사육사들은 절로 벌어진 입을 쉽게 닫지 못했다. 캥거루가 힘차게 울타리를 뛰어넘었을 것이라는 예상과 달리 캥거루는 우리의 문을 열고 나왔다. 우리의 문이 헐거워 쉽게 열렸던 것이다.

이 일화와 유사한 일이 실생활에서 많이 일어나고 있다. 우리도 항상 사육사들과 같은 실수를 저지르고 있다. 섣부른 판단에 의한 실행을 앞세우기 전에 관찰을 통해 통찰하면 비용과 시간을 줄일 수 있다.

세심한 관찰을 통해 큰 성공을 거둔 예는 상당히 많다. 한 가지 예를 소개한다. 1980년대 후반, 세계적인 제약 회사인 화이자(Pfizer)에서 협심증 치료제를 개발하기 위해 연구를 하고 있었다. 협심증은 심장 혈관이 좁아져 극심한 고통과 함께 생명을 위협하는 매우 무서운 병이다. 연구원들은 '실데나필'이라는 물질이 혈관 확장 작용을 하여 협심증 증상을 완화시킬 수 있을 것이라고 생각했다.

화이자는 수많은 연구 끝에 '구연산 실데나필'로 구성된 시제품을 만들었다. 하지만 임상 실험 결과, 협심증 치료에는 사실상 효과가 없는 것으로 나타났다. 그런데 놀랍게도 임상 실험에 참여했던 남성 환자들에게서 특이한 증세가 발견되었다. 협심증은 주로 노년층에 발병되어 임상 실험자 중에는 노년층이 많았는데, 약을 복용한 노년층 남성 상당수가 일종의 회춘 현상을 경험한 것이다. 그 약을 복용한 후 그들은 음경의 발기 효과가 현저하게 두드러졌다고 밝혔다.

화이자의 연구원들은 이 우연한 발견을 그냥 지나치지 않았다. 그들은 지속적으로 연구를 거듭한 끝에 발기 촉진제를 탄생시켰다. 그것이 바로 '비아그라'이다. 심장의 혈관을 확장시켜 협심증을 완화시키기 위한 목적에서 출발했지만 부작용 현상을 세심하게 관찰하여 세계 최초로 발기부전 치료제를 개발한 것이다.

우리는 화이자의 비아그라 개발을 통해 많은 것을 배울 수 있다. 일단 그들은 자신들의 잘못된 생각과 그에 따른 예상 밖의 결과를 담담하게 받아들였다. 그리고 포기하지 않고 끝까지 세심하게 관찰했다. 또한 부작용으로 치부해 버릴 수 있는 결과를 토대로 신약을 개발하기 위해 부단히 노력했다. 그로 인해 화이자의 연구원들은 세계 최초의 영역을 개척하고, 나노 제품이자 최초의 제품인 '온리원'을 탄생시킬 수 있었다.

모든 것은 관찰에서 시작되고, 관찰을 통해 통찰이 일어난다. 이렇게 일어난 통찰은 나노 브랜드를 만드는 열쇠가 된다. 통찰력은 보이지 않는 것을 보이게 하는 힘을 가지고 있으며 이를 위해서는 깊게 들여다보는 자세가 필요하다. 관찰하는 습관은 브랜드를 만들어 가는 사람들에게는 가장 중요한 덕목임을 잊지 말자. 관찰은 호기심과 노트만 있으면 비용이 들지 않는 가장 현실적이면서도 중요한 투자이다.

CHAPTER 05

당신의 직관을 믿어라

저널리스트이자 작가인 말콤 글래드웰(Malcolm Gladwell)은 자신의 저서인 《블링크》에서 찰나에 떠오른 생각이 심사숙고해 내린 판단보다 훨씬 뛰어난 경우가 많다고 주장했다. 이성적인 판단보다 우연히 떠올린 '감(感)'이 더 뛰어난 결과를 내기도 한다는 말이다.

'감'은 다른 말로 '직관'이라고 하기도 한다. 직관은 본능적으로 빠르게 얻어지는 진실의 인식이다. 하지만 세상에 의미 있는 영향을 미칠 수 있는 위대한 직관은 그냥 나오는 것이 아니다. 충분한 경험과 피나는 연습, 끊임없는 시행착오, 치열한 학습을 통해 축적된 바탕이 있어야 강력한 직관이 나올수 있다. 피겨 여왕 김연아 선수가 올림픽에서 금메달을 딸 수 있었던 것도 단지 올림픽에서 훌륭하게 연기를 했기 때문이 아니라 올림

픽이 열리기 전까지 끊임없이 연습하여 완벽한 준비가 되어 있었기 때문이다.

중요한 의사를 결정할 때에는 뉴스와 컨설팅에서 제시하는 전망만을 믿지 말고 본인의 기준을 가지고 생각해 보는 것이 중요하다. 전망과 조사는 시장 조사를 기본으로 하여 만들어진다. 이때 시장 조사는 전체가 아닌 모집단을 통해 이루어진다.

만약 전체를 조사한다 하더라도 사람의 밖으로 표현되는 정보는 아쉽게도 전체의 5퍼센트에 불과하다. 소비자들이 일부러 거짓말을 한다기보다 소비자 자신이 정말 원하는 것을 모르는 경우가 많고, 표현 수단의 한계 때문에 그것을 모두 표현하기가 어렵기 때문이다. 그렇기 때문에 시장 조사와 산업 전망만을 맹신한 채 시장에서 환영받는 제품과 브랜드를 만든다는 것은 매우 어렵다.

독일의 화학자 케쿨레(Kekule)는 자신의 스승과 함께 '유기 화학'이라는 새로운 학문 분야의 연구에 몰두하고 있었다. 그는 여러 유기물을 탄소원자와 수소원자의 사슬 결합 구조로 설명하는 이론 체계를 세웠다. 그는 많은 유기물의 사슬 결합 구조를 대부분 밝혀냈으나 각각 여섯 개의 탄소와 수소로 구성된 벤젠의 화학 구조에 대해서는 밝혀내지 못했다. 아무리 연구를 거듭해도 머릿속에 떠오르는 것이 없었다.

그러던 어느 날, 그는 연구를 하는 도중에 깜빡 졸고 말았다. 그런데 그 잠깐 사이에 꾼 꿈에서 벤젠 화학 구조의 힌트를 얻게 되었다. 그는 꿈속에서 여러 마리의 뱀이 서로의 꼬리를 물고 원을 그리며 둥글게 춤을 추는 모습을 보았다. 꿈에서 깨어난 그는 벤젠의 구조를 육각형으로 그린 후에 각 모서리에 탄소원자가 있고, 거기에 수소원자가 하나씩 연결되어 있는 구조도를 완성시켰다. 끝없이 노력하다가 직관을 얻고, 그것을 통해 예기치 않은 실마리를 얻을 수 있었던 것이다.

케쿨레는 1890년에 독일에서 열린 화학 학회에서 이렇게 말했다.

"꿈꾸는 법을 배운다면 우리도 진실을 찾을 수 있을 것입니다."

직관의 힘을 강조한 말이다. 직관을 얻는 방법을 아는 것, 이는 매우 중요하다. 쓸모 있는 강력한 직관은 아무에게나, 아무 때나 오는 것이 아니기 때문이다.

인슐린의 원리도 직관을 통해 탄생했다. 인슐린은 1921년에 캐나다의 프레더릭 밴팅(Frederick Banting)과 찰스 베스트(Charles Best)에 의해 발견되었고, 일라이 릴리와의 공동 연구 및 개발을 통해 1923년에 '일레틴(Iletin)'이라는 최초의 인슐린 제품으로 첫선을 보였다. 프레더릭 밴팅은 인슐린 발견의 공로를 인정받아 노벨상을 수상했다. 캐나다의 유명한 내과 의사였던 그는 꿈속에서 인슐린의 기초 원리를 발견했다고 한다.

재봉틀을 발명한 앨리어스 호우(Elias Howe)도 직관을 통해 힌트를 얻었다. 그는 재봉틀을 제작하기 위해 오랜 시간 연구를 거듭했으나 완성시키기에는 무엇인가가 부족하다고 느꼈다. 그러던 어느 날, 그는 이상하게 생긴 창을 든 야만인들에게 붙잡히는 꿈을 꾸었다. 야만인들이 가진 창끝에는 구멍이 하나씩 나 있었다. 꿈을 통해 그는 '바늘귀에 구멍을 뚫어 실을 꿰어야겠다.'라는 아이디어를 얻었다. 그 간단한 아이디어가 재봉틀의 발명을 가능하게 한 열쇠가 된 것이다.

앞서 소개한 위대한 발견들과 발명들은 꿈의 형식을 빌린 직관을 통해 힌트를 얻었지만 기도나 명상, 커피 한 잔의 여유에서도 직관력이 발휘된다. 뇌가 조용히 사유할 수 있는 시간을 주는 것이 중요하다. 빈틈이 있어야 좋은 아이디어가 나오는 것이다.

'창의력' 하면 떠오르는 혁신가 스티브 잡스(Steve Jobs) 역시 직관을 중요하게 생각했다. 그는 매일 아침을 명상으로 시작했다. 그만큼 '마음 들여다보기'의 힘을 알고 중요하게 여겼던 것이다. 스티브 잡스는 경영이나 제품 개발에 어려움이 닥치면 일단 모든 것을 중단하고 주변을 천천히 관찰했다. 개선에 대한 아이디어가 생길 때까지 말이다.

최근 3조 원에 애플에 인수된 헤드폰 제조사이자 음악 스트리밍 업체인 '비츠 일렉트로닉스'의 가장 중요한 인물인 닥터 드레(Dr. Dre)도 마찬가지였다. 닥터 드레는 음악가이자 프로듀서이며, 비츠 일렉트로닉스의 가장 유명한 헤드폰의 상표이기도 하다.

본인의 직관을 믿고 그 자리에서 바로 평가를 내리는 것으로 유명한 그는 왜 그런 평가를 내렸는지에 대해 설명조차 하지 않는다. 닥터 드레는 인위적으로 마감 날짜를 정해 두어 일을 하는 것을 매우 싫어 한다. 완벽한 제품을 만들어야 하는데 인위적인 마감 날짜를 정해 두는 것은 죽음으로 가는 길이라고 생각한 것이다. 그 역시 스티브 잡스와 마찬가지로 시장 조사 결과가 아닌 자신의 직관을 신뢰했다.

자신이 몰입하고 있는 분야의 일선에서 문제와 씨름하면서 공부하고 노력하고 고민하고 행동할 때 직관의 형태로 아이디어가 떠오른다. 전혀 기대하지 않았을 때 직관을 통해 해답을 얻을 수도 있다. 자신의 내면의 느낌과 예감에 주의를 기울이고 내면의 소리를 인식하는 방법을 배우라.

그런 과정을 통해 당신은 직관력을 높일 수 있다.

처음부터 직관을 구별하지 못한다 하더라도 좌절할 필요가 전혀 없다. 직관을 인식하고 사용하는 법을 배우지 않은 사람들이 그것을 인식하는 데 어려움을 느끼는 것은 지극히 자연스러운 현상이다. 직관의 필요성을 인식하고, 내면의 속삭임에 귀를 기울이고 그것을 믿어 보는 것 자체가 직관을 강화시킨다. 세상을 뒤바꾼 아인슈타인이나 에디슨 같은 천재들도 자신의 직관력을 발전시키고 아이디어를 얻기 위해 명상 같은 특별한 방법을 행했다는 사실을 잊지 말자.

에이드리언 슬라이워츠키(Adrian Slywotzky)는 본인의 저서인 《디맨드》에서 한 일화를 소개했다. 그는 세계에서 뛰어난 브랜드를 만들며 기업을 이끌어 가는 사람들에게 "내일은 어떤 것이 대세가 될 것인가?"라는 질문을 던졌다. 그들에게서 돌아온 답변 중에 정부 정책이나 《포춘》의 500대 기업 순위의 변화, 거시경제의 흐름을 이야기한 사람은 아무도 없었다. 그들은 대부분 "자신의 거울을 들여다본다."라고 대답했다. 거대 글로벌 기업들의 수장들도 외부의 데이터나 자료에만 의지하는 것이 아니라 자신의 내면을 들여다보며 중요한 경영적 판단을 한다는 것이다.

직관력은 목표에 정신을 정조준해야 나온다. 이는 라디오의 주파수를 정확하게 맞추어야 원하는 방송을 들을 수 있는 원리와 같다. 목표 없이 이리저리 흔들리는 마음에서 좋은 직관이 나올 리 없다. 또한 실패에 대한 두려움을 버려야 한다. 재난보다 더 많은 사람을 죽이는 것이 바로 두려움이다. 우리의 직관력을 흐리는 것 역시 두려움이다. 실패에 대한 두려움을 떨치고 목표에 정조준해야 한다.

스티브 잡스는 스탠퍼드 대학교의 졸업식에서 연설을 했다. 다음은 연설 내용 중 일부이다.

"여러분의 인생은 시간이 한정되어 있습니다. 내 인생이 아니라 남의 인생을 사느라 시간을 낭비하지 마세요. 가장 중요한 것은 여러분 마음의 직감을 따르는 용기를 갖는 것입니다. 나머지는 모두 나중 문제입니다."

비록 사회 초년생들에게 전한 위대한 기업가의 메시지이지만, 우리에게도 큰 의미가 담긴 메시지이니 항상 기억하기 바란다.

CHAPTER 06

당신만의 스토리를 만들어라

작고한 스티브 잡스가 만든 애니메이션 기업인 픽사는 〈라따뚜이〉, 〈토이 스토리〉, 〈몬스터 주식회사〉, 〈니모를 찾아서〉 등 독창적인 스토리로 세계적인 흥행 애니메이션을 만든 영향력 있는 스튜디오이다. 얼마 전 《위클리비즈》의 인터뷰에서 '픽사 에니메이션 스튜디오' 회장인 에드윈 캣멀(Edwin Catmull)은 스토리를 만드는 비결을 '일상에서의 탈출'이라고 거론했다.

 "〈라따뚜이〉를 만들 때 파리에 갔습니다. 쥐가 요리사가 되는 내용이라 파리의 최고 레스토랑들을 직접 방문했죠. 레스토랑의 입구, 바닥, 주방 그리고 그곳에서 일하는 사람들이 어떻게 일하고 있는지, 무슨 옷을 입었는지 모조리 사진으로 찍어 왔어요. 그 방대한 사진들을 통해 우리는

〈라따뚜이〉를 만들었어요. 이런 과정에서 나온 실재감을 통해 관객들은 〈라따뚜이〉에 더욱 깊게 빠져들었죠."

사람들에게 전달할 감동적인 스토리를 만들기 위해서는 일상에서 탈출해야 한다. 그리고 직접적이고 새로운 경험을 하고 그 경험에서 나오는 것을 브랜드와 연결시키는 노력을 해야 한다.

또한 스토리에서 나오는 '경험의 기대'를 팔아야 한다. 고객들은 더 이상 제품과 브랜드에서 나오는 효용성만을 고려하지 않는다. 대량 생산을 한다 하더라도 그 안에 스토리를 입혀야 한다. 이제는 사람들이 감동을 받고 서로 이야기할 만한 것을 만들어 내는 기업과 브랜드가 유일한 승자가 될 수 있다.

코너 우드먼(Conor Woodman)의 저서인 《나는 세계일주로 경제를 배웠다》에 나오는 일화를 소개한다. 아일랜드 태생의 코너 우드먼은 맨체스터 대학교에서 경제학을 전공하고 글로벌 컨설팅 회사에서 애널리스트로 근무했다. 그는 3억 원이 넘는 고액 연봉자였지만 디지털 숫자 놀음에 회의를 느껴 전 세계를 돌며 경제가 실제로 어떻게 돌아가는지 직접 경험해 보기로 했다.

그는 여행을 하는 도중에 모로코에서 카펫을 판매하는 사람들에게서 중요한 점을 배웠다. 모로코에서 카펫은 국민들의 생명 줄과 다름없었다. 카펫의 수출이 모로코의 주 수입원이기 때문이다. 그렇기 때문에 모로코인들은 모두 카펫에 대한 전문가들이다.

'마라케시'라는 도시에 카펫 시장이 있는데, 그곳에서 파는 카펫은 크게 두 종류이다. 우선 한 종류는 원색에 기하학적인 무늬가 있는 카펫인

데, 주로 모로코인들이 좋아하고 관광객들에는 인기가 없다. 다른 한 종류는 아틀라스 산자락의 원주민 여성들이 손수 만든 것으로, 그들의 이야기가 담겨 있는 카펫이다.

관광객들은 이런 스토리가 담겨 있는 카펫을 좋아하고 시장 상인들도 이런 카펫에는 웃돈을 얹어 팔려고 한다. 할머니가 쓰시던 카펫, 전쟁 중에 자신을 살려 준 카펫 등 어떠한 스토리가 담겨 있으면 카펫의 값이 올라가는 것이다.

이처럼 카펫조차 스토리가 없으면 잘 팔리지 않는다. 아무리 보잘것없는 스토리라도 없는 것보다는 낫다.

지인인 K대표는 이렇게 한탄했다.

"회사는 항상 바쁘게 돌아가는데, 이상하게 회사로 들어오는 돈은 적어서 흥이 나지 않아."

그 이유는 회사가 수익성이 낮은 사이클 안에서만 맴돌고 있기 때문이다. 수익성이 낮은데, 아무리 바쁘게 일한다고 한들 무슨 소용이 있겠는가. 단순히 고객 수를 증가시키는 것만이 답이 아니다. 한 고객이 기업에 줄 수 있는 가치인 객단가와 객단가 이율을 높일 필요가 있다. 그 핵심은 스토리에 있다. 가격을 내리지 말고 스토리를 입힘으로써 제품의 가치를 높여라.

앞서 소개한 픽사는 자사의 22가지 스토리텔링 노하우를 공개했다. 최고의 애니메이션 스토리텔러인 픽사의 스토리텔링 노하우를 살펴보자.

1. 캐릭터의 성공보다는 노력하는 부분을 더욱 중요시하라.
2. 작가로서 자신이 즐기는 것이 아니라 관객들이 재미있어 하는 것을 써라. 이것은 아주 다를 수 있다.
3. 테마를 갖는 것은 매우 중요하다. 그러나 스토리를 끝까지 다 쓰기 전까지는 작가 자신조차도 알 수 없다. 지금 다시 써라.
4. 옛날 옛적에, 매일, 어느 날, 그 일 때문에, 결국 등 뻔한 스토리 라인은 이제 그만 접어라.
5. 스토리를 알기 쉽도록 초점을 맞추어 캐릭터에 결합시켜라.
6. 캐릭터가 잘하는 것과 마음에 들어 하는 것은 무엇인가? 그들을 반대편으로 던져 버리고 도전시켜라. 그들은 어떻게 대처할 것인가?
7. 스토리가 중간에 도달하기 전에 엔딩을 결정하라. 엔딩은 진심으로 어렵다. 그러니 미리 결정해 두어라.
8. 스토리의 끝을 맺어라. 완벽하지 않더라도 나아가라. 계속 움직여라. 다음에는 더 좋은 스토리를 써라.
9. 스토리가 막힐 때, 다음에는 발생하지 않을 일의 목록을 만들어라. 그중에서 많은 것이 스토리를 풀어 나갈 수 있게 해 줄 것이다.
10. 좋아하는 스토리를 분리시켜라. 그것을 사용하기 전에 미리 분리해야 한다.
11. 종이에 적어 두면 고칠 부분을 알 수 있다. 좋은 아이디어가 머릿속에만 남아 있다면, 누군가와 공유할 수 없을 것이다.
12. 머릿속에 떠오르는 첫 번째 아이디어는 무시해라. 두 번째, 세 번째, 네 번째, 다섯 번째도……. 확실한 것을 얻어라. 자기 자신을 놀라게 하라.
13. 캐릭터에게 의견을 주어라. 작가로서는 소극적이고 온순한 캐릭터가 마음에 들지 몰라도, 관객들에게는 독이 된다.

14. 왜 반드시 이 스토리를 전해야 하는가? 당신의 신념은 무엇인가? 이것이 바로 스토리의 중심이다.

15. 내가 캐릭터라면 이런 상황에서 어떤 느낌을 받을까? 정직함은 믿을 수 없는 상황에 신뢰성을 준다.

16. 관객들에게 캐릭터의 근원에 대해 알려 주어라.

17. 어떤 일이든지 헛된 것은 없다. 그것이 잘되지 않더라도 계속 나아가라. 나중에 유용하게 돌아올 것이다.

18. 당신은 자기 스스로에 대해 알아야 한다. 스토리는 시험하는 것이다. 다듬는 것이 아니다.

19. 우연히 캐릭터가 트러블을 갖는 것은 좋은 것이다. 우연히 캐릭터가 트러블 밖으로 빠져나오는 것은 사기이다.

20. 연습해라. 자신이 싫어하는 영화를 보고, 그것을 어떻게 재조정할 것인지 생각하라.

21. 당신이 자신의 상황과 캐릭터를 동일시한다면, 결코 쿨하게 쓸 수 없다. 무엇이 당신을 그와 같이 행동하게 만들 것인가?

22. 스토리의 본질은 무엇인가? 그것을 알고 있다면 이제 작성하면 된다.

픽사가 제시한 22가지의 방법에서 '캐릭터'라는 단어는 '브랜드'로, '관객'이라는 단어는 '고객'으로 바꿔 보자. 놀라운 브랜드적 통찰을 제공해 준다.

그중에서 몇 가지를 아래와 같이 해석해 볼 수 있다.

1. 나의 브랜드가 성공적인 브랜드라는 것을 강조하기보다는 많은 노력을 하는 브랜드라는 것을 중요시하라.

2. 브랜드 매니저로서 자신이 좋아하는 브랜드를 만드는 것이 아니라 고객들이 즐거워 할 수 있는 브랜드를 만들어라. 이것은 아주 다를 수 있다.

5. 스토리를 알기 쉽도록 초점을 맞추어 브랜드에 결합시켜라.

12. 머릿속에 떠오르는 첫 번째 아이디어는 무시해라. 두 번째, 세 번째, 네 번째, 다섯 번째도……. 확실한 것을 얻어라. 자기 자신을 놀라게 하라.

14. 왜 반드시 이 스토리를 전해야 하는가? 당신의 신념은 무엇인가? 이것이 바로 스토리의 중심이다.

16. 고객들에게 브랜드의 근원에 대해 알려 주어라.

17. 어떤 일이든지 헛된 것은 없다. 그것이 되지 않더라도 계속 나아가라. 나중에 유용하게 돌아올 것이다.

18. 당신은 자기 스스로에 대해 알아야 한다. 브랜드는 시험하는 것이다. 다듬는 것이 아니다.

20. 연습해라. 자신이 싫어하는 브랜드를 보고, 그것을 어떻게 재조정할 것인지 생각하라.

22. 스토리의 본질은 무엇인가? 그것을 알고 있다면 이제 작성하면 된다.

세계적인 미래학자인 롤프 옌센(Rolf Jensen)은 자신의 저서인《드림 소사이어티》에서 방목한 암탉이 낳은 달걀은 20퍼센트가 더 비싼데도 전체 달걀 시장의 50퍼센트의 시장 점유율을 가진다고 밝혔다. 근본적으로는 제품의 차이라고 생각할 수 있지만 고객의 입장에서는 제품의 차이를 직접 볼 수 없다. 고객들은 정말 닭이 방목되어 있는지 알 수 없다. '방목해서 키운 암탉'이라는 이야기 하나가 제품을 차별화시키고 브랜드화시키는 것이다. 내 기업과 내 브랜드만의 스토리를 만들자. 자신만의 스토리에는 경쟁자가 없다.

CHAPTER 07

여자들의 네버엔딩 수다에서 해답을 찾아라

여자들의 수다 주제는 세상 이야기, 날씨 이야기, 운동 이야기, 드라마 이야기, 남편 이야기, 반찬 이야기, 시댁 이야기, 친정 이야기 등 끝이 없다. 그만큼 서로 폭넓은 영역의 정보를 주고받는다. 오죽하면 여자들은 친구와 2시간 동안 전화 통화를 한 후에 전화를 끊으면서 "자세한 이야기는 만나서 하자."라고 한다는 우스갯소리가 있겠는가.

아기를 키우는 엄마들이 세상과 소통할 수 있는 유일한 시간은 아기가 잠들어 있을 때이다. 이때 엄마들은 엄지손가락으로 세상 사람들과 소통한다. 학교 동창들, 예전 직장 동료, 산후조리원 동기들과 카카오톡 같은 모바일 메신저나 카카오스토리, 네이버 밴드 같은 폐쇄적인 SNS 등을 통해 이야기를 주고받는다.

이들은 새로 나온 기저귀 정보, 이유식 조리법, 최신 유모차 정보 등을 공유한다. 제품의 가격, 품질, 평판, 사용감을 아주 세심하고 예리하게 이야기하고, 심지어 그 제품들을 싸게 구매할 수 사이트 주소를 바로 교환하기도 한다.

그나마 아이가 유치원에 들어갈 정도의 나이가 되면 엄마들은 한숨 돌린다. 아이가 유치원에서 생활하는 시간만큼 자신의 시간이 생기기 때문이다. 직장에 복귀해서 일을 하는 사람이 있기도 하지만, 그래도 주 관심사는 아이에게 쏠려 있는 경우가 많다. 아이가 지금 나이에는 무엇을 배워야 하는지, 피부가 예민한 아이는 어떤 제품을 사용해야 하는지, 아침에 아이가 먹을 유기농 시리얼은 어떤 제품을 사야 하는지 등 알아 두어야 할 것이 상당히 많다. 그만큼 엄마들은 나눌 이야깃거리가 많다.

'우머노믹스 시대'라는 말이 회자될 정도로 최근 해외나 국내에서 여자들이 경제에 큰 영향을 미치고 있다. 근로자, 관리자, 경영자로서의 역할이 점점 더 커지고 있을 뿐 아니라, 가계 최종 소비의 70~80퍼센트를 여자가 결정한다고 한다. 현재의 사회와 문화가 남성성의 합리주의보다 여성성의 섬세한 감성을 더욱 중요하게 생각하고 있는 이유도 바로 여기에 있다.

여자들의 소비 편리성을 극대화하기 위해 여러 분야에서 다양한 시도가 이루어지고 있다. 영국 런던의 클래펌 극장은 고객이 많지 않은 평일 낮에 엄마와 어린 자녀가 함께 영화를 감상할 수 있도록 '릴맘 프로젝트'를 운영했다. 아이를 살피느라 영화를 보고 싶어도 보지 못하는 엄마들의 마음을 들여다본 것이다.

또한 호주의 팸퍼드 마미스라는 엄마 전용 미용실도 큰 인기를 끌고 있다. 아름다움을 유지하고 싶은 여자의 욕구와 아이를 돌봐야 하는 엄마의 욕구 충돌을 현명하게 해결해 준 것이다. 엄마들이 아이들과 함께 미용실을 찾으면 철저하게 교육을 받은 베이비시터들이 편안하고 깨끗한 놀이시설에서 아이들을 정성껏 돌봐 준다. 그곳에 있는 몇 시간 동안은 편안하게 엄마가 아닌, 여자가 되는 것이다.

여자들의 수다에 귀를 기울여 여자의 마음을 알아야, 여자들이 당신의 브랜드에 대해 수다를 떨게 해야 성공을 거둘 수 있다. 그렇다면 어떻게 해야 여자들의 마음을 유혹할 수 있을까? 그것에 대해 알기 위해서는 우선 여자들의 구매 심리를 살펴볼 필요가 있다. 일반적으로 남성들은 소비를 할 때 논리와 결과를 중요하게 생각한다. 반면에 여자들은 물건을 구매할 때 감각과 과정을 중요하게 생각한다. 여자의 구매 심리는 다음과 같이 다섯 가지로 정리할 수 있다.

첫째, 여자들은 대화를 좋아한다.

여자들은 대화를 나눌 때 듣는 것보다는 직접 말하는 것을 좋아하는 경향이 있다. 따라서 좋은 브랜드는 여자들이 편안하게 말할 수 있도록 배려해 주어야 하며, 항상 경청하는 자세를 가져야 한다.

둘째, 여자들은 구매하는 물건보다 구매하는 과정을 더 중요시한다.

많은 여자가 구매한 상품보다 쇼핑하는 행위 자체를 더 중요하게 생각한다. 시장보다 백화점에서 쇼핑할 때 더 큰 만족감을 느끼는 이유가 바로 여기에 있다. 그렇기 때문에 좋은 브랜드는 여자들의 구매 과정에 만족감을 줄 수 있어야 한다.

셋째, 여자들은 직감이나 감각으로 상품을 판단한다.
여자들은 객관적인 사실과 성능보다는 주관적인 느낌과 디자인 등을 더욱 중요하게 생각한다. 그렇기 때문에 브랜드는 제품 성능 위주의 개선보다는 제품의 심미성을 증진시켜 여자들이 첫눈에 더 좋은 느낌을 받게 해야 한다.

넷째, 여자들은 상대의 표정과 태도에 관심을 갖는다.
여자를 대하는 태도가 브랜드의 인상을 좌우한다는 것을 인지하고 처음 고객을 대하는 표정과 태도에 세심한 주의를 기울여야 한다.

다섯째, 여자들은 무언가를 다른 사람들에게 알려 주고 싶어 한다.
여자는 자신이 경험한 것들을 다른 사람과 공유하고 싶어 한다. 따라서 좋은 제품과 브랜드를 접하면 다른 사람들에게 입소문을 내 줄 가능성이 크다. 그러므로 여자들이 다른 사람에게 전파할 수 있는 콘텐츠와 이를 전파할 수 있는 수단을 함께 제공하는 것이 좋다.

여자들의 마음을 세심하게 살펴 탄탄한 기업으로 성장한 브랜드가 있다. 대표적으로 언급되고 있는 곳이 바로 '한경희 생활과학'이다. 주부라면 한경희 스팀 청소기를 모르는 사람이 없을 정도로 막강한 브랜드 파위를 가지고 있다. 이 성공을 바탕으로 한경희 생활과학은 여자들에게 꼭 필요한 제품들을 만들어 120여 명의 직원이 수천억 원의 매출을 내는 기업으로 거듭났다. 대기업들이 한경희 생활과학의 제품을 따라하는 '미투 제품'을 출시할 정도이다.

한경희 대표는 여자로서, 엄마로서 여자들의 마음과 원츠를 정확히 파악한 가전제품을 개발하는 데 매진했다. 마케팅을 할 때도 여자들이 직접 참여해 보게 하는 주부 모니터 요원 등을 운영하여 꾸준하고 차근차근하게 진행해 나간 것이 한경희 생활과학의 성공 비결이다.

혁신과 창의성은 특별한 데에서 나오는 것이 아니라 전체를 좌우하는 중요한 요소의 주변을 연구하고, 탐구하고, 획득하는 데에서 나온다. 여자들은 이 세상의 중심, 소비자의 중심, 브랜드의 중심이다. 늘 여자들을 관찰하고 탐구해야 한다. 여자들의 수다에 힌트가 있고, 여자들의 수다로 브랜드가 성장한다.

CHAPTER 08

트렌드 리더를
수다스럽게 하라

2014년 상반기를 뒤흔든 드라마는 단연 〈별에서 온 그대〉였다. 이른바 '별그대'는 400년 전에 지구에 떨어진 외계인 남자 도민준(김수현)과 톱스타 천송이(전지현)의 로맨스를 그린 드라마로, 30퍼센트에 육박하는 시청률을 올리며 큰 인기를 누렸다. 특히 중국에서는 별그대 신드롬까지 번지면서 중국 시사 프로그램에서 이슈로 다룰 만큼 화제가 되었다.

별그대는 회가 거듭될수록 자체 최고 시청률을 기록한 것은 물론, 출연 배우들의 인기까지 급상승했다. 한국갤럽에 따르면 '별그대'는 '한국인이 좋아하는 TV 프로그램'에서 1위를 차지하기도 했다. 1년 동안 정상에 있던 MBC 〈무한도전〉을 누르고 그 자리를 꿰찬 것만 보더라도 '별그대'의 인기를 실감할 수 있다.

자연히 '별그대'라는 수식어가 붙은 옷, 가방, 음식이 쏟아졌고, 이 제품들에는 곧바로 '완판'이라는 꼬리표가 붙었다. 상황이 이렇다 보니 드라마에는 협찬과 PPL이 줄을 이었다. 특히 '걸어 다니는 광고판'인 천송이는 '천송이룩'이라는 신조어를 탄생시켰다. '천송이 티셔츠', '천송이 야상', '천송이 망토' 등 방송에 등장한 수많은 아이템이 연일 포털 사이트 실시간 검색어에 오르며 화제를 모았다.

특히 전지현은 적게는 수십만 원에서 많게는 수천만 원을 호가하는 명품 브랜드의 패션 아이템들을 잠옷과 홈웨어로 소화하며 전무후무한 협찬 기록을 세웠다. 900만 원을 호가하는 에르메스 망토는 고가임에도 불구하고 일찌감치 완판되었고, 그녀가 착용한 선글라스인 '젠틀몬스터'는 한국의 대표 아이웨어 브랜드로 자리 잡으며 매진 행렬을 이끌어 냈다.

이와 같은 연예인들은 대표적인 트렌드 리더라고 할 수 있다. 하지만 요즘은 연예인뿐 아니라 우리 주변에서 얼마든지 트렌드 리더를 찾을 수 있다. 리더는 다른 사람을 이끌 수 있는 능력이나 모두가 그 사람을 따르게 하는 능력 혹은 다른 사람보다 앞서 특정 상황이나 일을 경험하여 다른 사람들의 시행착오를 줄여 주는 역할을 한다.

세상에는 다양한 종류의 리더가 있다. 인생을 이끌어 주는 인생 리더, 경영에 도움이 되는 경영 리더, 육아를 도와주는 육아 리더, 패션을 선도하는 패션 리더 등 모든 영역에 리더가 있다고 생각하면 된다. 단지 주변 사람들이 그들이 리더인지 인식하지 못하는 경우가 있다. 리더의 역할을 하는 그들조차 자신이 리더인지 모르는 경우가 많다. 많은 사람이 리더는 큰 역할을 하는 사람들, 즉 TV에 보이는 유명인 혹은 국가나 큰 기업을 이끄는 사람이라고 오해하고 있다.

이런 다양한 리더 중에서도 우리 사회나 소비의 방향에 자신의 입김을 불어넣어 특정한 방향으로 일관된 시대의 흐름을 만드는 사람들을 트렌드 리더라고 한다. 이런 사람들이 나의 브랜드에 관심을 갖고 여기저기에서 이야기를 한다면 어떨까? 너무 설레지 않을까? 나의 브랜드가 트렌드 리더를 수다스럽게 할 수 있다면 그 브랜드는 성공의 기본 조건을 갖추고 있는 것이다.

나는 FT아일랜드의 메인 보컬인 이홍기가 패션의 트렌드 리더라고 생각한다. 국내 남성들의 손톱 관리를 본격적으로 전도한 사람이 바로 그이다. 2013년에 일본 네일리스트 협회가 주최한 '네일퀸 2013' 시상식에서 그는 외국인 최초로 베스트 맨즈 네일상을 받았다. 이 영향으로 일본 일반인들 사이에 맨즈 네일이 유행했으니 그를 남성 네일 분야의 트렌드 리더라고 할 만하지 않은가. 만약 그가 애용하는 네일 제품이 당신의 회사 제품이라면 어떨까? 그가 이용하는 인스타그램과 페이스북 등에 당신 회사의 네일폴리셔 사진이 실린다면 어떨까? 단숨에 나노 브랜드로 성장할 수 있지 않을까?

미국의 첫 번째 흑인 대통령으로 재선에 성공한 버락 오바마의 부인인 미셸 오바마는 대표적인 정치인 트렌드 리더라고 할 수 있다. 대통령 선거 유세가 한창이던 2008년 가을에 유명한 토크쇼에 출연한 그녀는 노란색 카디건과 스커트를 걸치고 나왔다. 그때 사회자가 약간의 농담을 섞어 지금 입고 있는 옷이 얼마짜리 옷이냐고 물었다. 그러자 그녀는 당당하게 300불짜리 중저가 옷이라고 답하며 옷의 브랜드인 '제이크루'를 언급했다. 미셸 오바마는 이후에도 제이크루의 옷을 즐겨 입었고, 그 브랜드는 큰 인기를 얻었다.

미국 펜실베이니아 대학교 와튼스쿨의 마케팅학 교수인 조나 버거(Jonah Berger)는 자신의 저서 《컨테이저스 전략적 입소문》에서 사람들을 떠들게 할 수 있는 여섯 가지 조건을 정리했다.

- 소셜 화폐
- 계기
- 감성
- 대중성
- 실용적 가치
- 스토리

이를 간단히 하나의 문장으로 정리할 수 있다. 트렌드 리더에 의해 입소문이 날 수 있는 조건은 '대중이 원하는 실용적 가치와 감성이 담긴 스토리가 어떤 계기를 통해 퍼져야 한다.'라는 것이다.

이런 조건이 되려면 트렌드 리더에게 먼저 실용적 가치와 감성적 가치를 동시에 전달해야 한다. 하나라도 빠지면 안 된다. 그렇기 때문에 브랜드는 트렌드 리더의 감성을 자극할 만한 콘텐츠를 만들고 트렌드 리더가 사용하면서 유용함을 느껴 남에게도 소개해 주고 싶은 제품을 만들어야 한다. 즉 콘텐츠와 제품이 함께 있어야 한다.

하지만 그냥 콘텐츠와 제품만으로는 안 된다. 다양한 트렌드 리더가 주위 사람들에게 우리의 제품을 소개해 주면서 스스로 트렌드 리더의 자부심을 가질 수 있을 만한 브랜드와 브랜드 콘텐츠를 만들어야 한다. 트렌드 리더를 중심에 두고 제품과 브랜드를 만들 필요는 없다. 하지만 항상 트렌드 리더를 주시하고, 트렌드 리더에게 사랑받을 수 있는 수준의 브랜드, 트렌드 리더가 알고 싶어 하는 브랜드를 만들어 시장에 내놓는 일은 매우 중요하다.

앱솔루트 보드카는 향이나 맛에서 다른 보드카와 구별되는 특별한 특징이 없다. 하지만 이 평범한 보드카를 디자인으로 보완함으로써 다른 보드카와의 차별성을 만들었다. 반투명의 병 디자인은 병 안에 담긴 술의 맑고 시원한 느낌을 전달한다.

또한 앱솔루트 보드카는 센세이션한 광고로 항상 주목을 받고, 전시회나 패션쇼 같은 트렌드 리더들이 주목할 만한 곳을 적극적으로 후원한다. 앱솔루트 보드카는 그러한 활동들을 통해 트렌드 리더들이 주목할 만한 제품이 된 것이다.

트렌드 리더들의 영향력은 절대적이다. 정보가 넘쳐 나고 품질과 기능이 평준화되다 보니 자신이 좋아하고 따르는 트렌드 리더들의 존재가 더욱 중요해지고 있다. 트렌드 리더들이 페이스북과 인스타그램 등에 올리는 글, 인터뷰, 행동 하나하나가 고객들에게 소비의 기준이나 점화점을 만들어 준다.

사람과 사람 사이에서 일어나는 입소문은 SNS 등의 디지털 채널들을 통해 광속으로 퍼지고, 이는 다시 사람과 사람 사이에서 입소문을 만든다. 사이버 입소문이 휴먼 입소문으로 그리고 다시 사이버 입소문이 되어 폭발되는 것이다. 고객이 지점에 머무는 시간이 길수록 투자 금액이 높아진다는 '슬로우 뱅킹 이론'처럼 고객이 우리의 브랜드에 대해 더욱 많이 보고, 많이 느끼고, 많이 이야기한다면 더 많은 수익을 내는 것은 당연한 일이다.

CHAPTER 09

블랙컨슈머는
속까지 까맣지 않다

전남 여수에서 한식당을 운영하는 L씨는 어느 날 경찰서에서 고소장을 받았다. 여수에 관광을 온 B씨가 L씨의 식당에서 식사를 한 후에 식중독에 걸려 고소를 한 것이다. 깔끔하고 정갈한 음식으로 지역에서 맛집으로 소문이 났던 L씨의 식당은 이 사건 때문에 곤혹을 치렀다.

  이 사건은 바로 MOT에 문제가 있었던 것이다. MOT는 'Moment of Truth'의 약자로, '결정적 순간'이라는 의미이다. L씨가 여수 엑스포 기간 중에 일손이 부족하여 단기 아르바이트 직원을 고용한 것이 화근이었다. 손님이 몰려 식당 바깥에서 줄을 서서 기다리던 B씨는 드디어 자신의 차례가 되어 식당 안으로 들어갔다. 그는 다른 사람들이 많이 먹고 있는 음식을 주문한 뒤에 음식을 기다렸다. 얼마 후, B씨는 자신의 앞에 차려진 음식에서 이상한 느낌을 받고, 아르바이트 직원에게 문의를 했다. 하지만 음식에 대한 지식과 경험이 부족했던 직원은 짜증을 내며 응대했다. B씨는 미심쩍었지만 지금 자리를 박차고 다른 식당으로 간다 해도 오랜 시간을 기다려야 할 것 같아 그냥 식사를 했다. 그런데 음식이 상해 있었고, 결국 식중독에 걸린 것이다.

물론 음식을 먹고 탈이 났다 해서 모든 사람이 해당 식당을 고소하지는 않는다. 하지만 탈이 난 것은 물론, 불친절한 아르바이트 직원 때문에 불쾌했던 B씨는 괘씸한 마음에 고소까지 하게 된 것이다. 만약 아르바이트 직원이 성심성의껏 MOT에 임했다면 최악의 상황까지 가지 않았을 수도 있었다.

기업에게 골치 아픈 존재로 여겨지는 블랙컨슈머(Black Consumer)는 블랙과 컨슈머를 합친 신조어이다. 블랙컨슈머는 기업이나 브랜드로부터 어떤 불편한 일을 당했거나 자신이 구매한 제품과 서비스가 기대에 미치지 못하면 일반적인 소비자들보다 강하게 어필한다. 그들은 작은 흠집을 잡아 협박을 하거나, 서비스가 마음에 들지 않는다며 상담원에게 소리를 지르기도 한다. 또한 무리하게 교환을 요구하거나, 무료 서비스만을 이용하고 실제로는 구매하지 않기도 한다. 많은 기업이 여러 형태의 블랙컨슈머 때문에 고생을 하고 있다.

하지만 앞서 소개한 식당의 예에서 알 수 있듯이 모든 고객이 처음부터 의도적으로 블랙컨슈머로 분한 것이 아니다. 기업이 적절한 조치를 취하지 않았을 때 생긴 불만이 표출되는 과정에서 격해지는 경우가 많다. 고객들의 불만을 파악하고 개선해 나가는 것은 기업과 브랜드의 영속에 필수이다. 불만이 가득한 소비자는 큰 자산이다. 소비자의 불만으로부터 발전해야 한다.

지금은 구글에 제왕의 자리를 빼앗겼지만 2000년대 초까지만 해도 인터넷 검색 엔진 시장의 선두주자는 야후였다. 사람들은 야후가 구글보다 기술적으로 진보하지 못했기 때문에 이런 현상이 일어났다고 말하지만 내 생각은 조금 다르다. 구글의 성장과 점유율의 증가는 기술력에 대한 것만으로 해석될 수 없다.

야후가 추락한 근본적인 원인은 야후의 추종자에게 있다. 야후 추종자들의 무한한 칭찬이 야후를 낭떠러지로 밀어 넣은 것이다. 야후의 경영진들은 야후 추종자들의 좋은 피드백만을 취하며 다른 사람들의 불편함을 외면했다. 블랙컨슈머의 뼈 있는 조언을 듣지 않은 것이다. 현재 최고의 찬사를 받고 있다 하더라도 최고의 순간이 주는 달콤한 솜사탕으로 귀를 틀어막아 버린다면 야후와 같은 신세를 면치 못하게 된다는 것을 명심해야 한다.

'경영의 신'이라 불리는 일본 마쓰시다 그룹의 창립자 마쓰시다 고노스케는 아버지가 사업에 실패하여 초등학교 4학년 때 학교를 그만두고 자전거 점포 점원으로 사회에 첫발을 내딛었다. 그는 성실함과 뛰어난 손재주를 바탕으로 열심히 일했고, 결국 마쓰시다 그룹을 만들어 일본 최고의 경영자로 추앙받고 있다. 그는 한 인터뷰에서 이런 질문을 받았다.

"회장님은 어떻게 해서 이렇게 큰 성공을 이룰 수 있었습니까?"

그러자 그는 이렇게 대답했다.

"저는 가난한 복, 허약한 복, 못 배운 복을 타고났지요. 이 세 가지 덕분에 성공을 이룰 수 있었습니다. 가난했기 때문에 더 열심히 일할 수 있었고, 허약했기 때문에 건강에 관심을 기울이며 관리를 할 수 있었으며, 배우지 못했기 때문에 항상 배우려는 노력을 게을리하지 않았습니다."

마쓰시다가 부모에게서 물려받은 것은 온통 좋지 않은 것이었다. 하지만 그는 자신의 신세를 한탄하지 않고 긍정적으로 받아들여 자신을 발전시키는 거름으로 사용했다. 블랙컨슈머도 마찬가지이다. 기업과 브랜드가 블랙컨슈머의 '어필'을 어떤 태도로 받아들이느냐에 따라 진상 고객이 퍼붓는 저주가 될 수도 있고, 기업과 브랜드가 나아가야 할 방향의 순풍이 될 수도 있다.

'노하우 시대(Know-How)'에서 '노웨어 시대(Know-Where)'를 거쳐 이제는 '노와이 시대(Know-Why)'로 진입했다. 블랙컨슈머들이 왜 비판을 하는지 그 이유를 알아야 개선의 실마리를 잡을 수 있고, 그 문제에 꼭 맞는 열쇠를 손에 거머쥘 수 있다. 고객이 왜 우리의 제품과 브랜드를 외면하는지, 왜 경쟁사의 제품을 구매하는지, 우리 브랜드에 무엇을 요청하는지 등 끊임없이 질문을 던져라.

질문을 던지는 방법은 여러 가지가 있다. 첫 번째 방법은 직접 만나서 물어보는 것이다. 가장 쉽고 직접적인 방법이지만 실제적인 답변을 얻기 힘든 경우가 많다. 두 번째 방법은 자기 자신이 감정 이입을 통해 상대방의 마음을 예상해 보는 것이다. 상상력이 핵심이다. 세 번째 방법은 해답을 줄 만한 대상을 관찰하는 것이다. 관찰은 모든 것의 기본이다.

훌륭한 기업과 브랜드는 블랙컨슈머에게 도움을 받는다. 블랙컨슈머에게 도움을 받았다면 반드시 그들의 마음을 풀어 주어야 한다. 블랙컨슈머의 마음을 풀어 주는 방법은 여러 가지가 있는데, 그중 하나는 스타벅스에서 고객을 응대하는 매뉴얼인 LATTE 법칙이다. LATTE 법칙은 커피의 종류인 Latte를 각 글자에 맞게 차용한 행동 지침이다. 한 글자씩 살펴보자.

- **Listen** 고객의 말을 귀담아 듣고
- **Acknowledge** 고객의 불만을 인정하며
- **Take action** 해당 불만의 해결을 위해 즉각 행동을 취하고
- **Thank** 불만을 표출해 준 고객에게 감사하며
- **Explain** 그 문제가 일어난 이유를 구체적으로 설명하라.

물론 고객들의 불평불만을 처리해야 하는 일이 쉽지는 않겠지만 달콤하고 따뜻한 스타벅스 라테 한 잔을 고객에게 건네는 것처럼 대응해 보는 것이 어떨까? 그렇다면 고객은 다음 기회에 우리에게 더욱 달콤하고 비싼 카라멜 마키아토를 선물해 줄 수도 있다.

성공하는 나노 브랜드는 마음가짐부터 다르다. 기존 경쟁사들과 경쟁하려는 자세는 싸움을 시작하기도 전에 이미 진 것과 다름없다. 시장에서 싸우는 것이 아니라 자신만의 나노 카테고리를 만들어야 자리를 잡을 수 있다. 그러기 위해서는 블랙컨슈머를 나를 괴롭히는 짜증나는 존재로 규정하지 말고 우리를 도와주는 천사로 규정하는 태도를 가져야 한다. 블랙컨슈머는 속까지 까맣지 않다.

CHAPTER 10

고객에게
새로운 경험을 선사하라

왜 우리는 '고객에게 어떤 경험을 줄 수 있는가.'에 집중해야 할까? 답은 간단하다. 고객에게 새로운 경험을 주는 브랜드가 성공하는 브랜드가 될 가능성이 높기 때문이다.

끊임없이 새로운 경험을 고객들에게 제공하여 시장에서 폭발적인 반응을 얻고 있는 패션 브랜드가 있다. 주인공은 바로 한국의 아이웨어 시장에서 돌풍을 일으키고 있는 '젠틀몬스터'이다. 젠틀몬스터는 만 4년이 된, 시장에 발을 내디딘 지 얼마 되지 않은 회사이다. 첫해에는 5명의 직원이 1억 원 정도의 매출을 냈고, 창업 3년차인 2014년에는 50명의 직원이 200억 원 수준의 매출을 내는 놀라운 성장을 보였다.

이런 빠른 성장의 배경에는 고객에게 새로운 경험을 제공하려는 끊임없는 시도와 노력이 있었다. 젠틀몬스터는 'New Experiments'와 'Surprise the World'를 모토로, 새로운 것에 계속해서 도전하여 고객들에게 다양한 경험을 끊임없이 제공하고 있다.

커피콩을 담는 마대로 안경 케이스를 만들기도 하고, 독특한 쇼룸을 만들어 매장에 방문한 고객들을 놀라게 하기도 한다. 또한 고객들이 자신의 사진을 업로드하고 원하는 모델의 안경을 선택하면 고객의 사진에 합성을 해 주는 서비스를 제공하기도 했다.

젠틀몬스터가 제공하는 여러 가지 서비스 중에 고객들에게 가장 큰 호응을 얻은 것은 고객이 직접 안경을 디자인하고 만들어 보는 '비지트(Visit) 행사'와 집에서 안경을 받아 착용해 볼 수 있는 '홈 트라이(Home Try)'이다.

비지트 행사는 약 3개월에 한 번 일반 고객들을 대상으로 진행된다. 이 행사를 통해 고객들은 안경의 재질 중에 하나인 아세테이트 재질을 직접 톱질하여 만들어 볼 수 있다. 고객이 직접 그려 온 안경 디자인을 아세테이트 판에 붙여 줄톱으로 자르고, 사포로 손질하고, 연마제로 광을 내는 조금은 힘겨운 시간이 지나면 어느 정도 모습이 잡힌 안경의 앞쪽 면이 만들어진다. 그것을 젠틀몬스터의 숙련된 장인들이 마무리하면 전 세계에 단 하나뿐인 나만의 안경이 탄생된다. 온라인 공개 지원을 통해 10명의 참가 고객을 뽑는데, 수백 명이 몰릴 정도로 고객들의 반응이 매우 뜨겁다.

지금은 시행하지 않는 홈 트라이는 젠틀몬스터의 홈페이지에서 마음에 드는 5개의 안경을 고르고 무료로 받아 보는 서비스이다. 만약 받아 본 안경 중에서 마음에 드는 것이 있다면 그것만 선택해서 결제하고 나머지는 반송하면 된다. 간단한 본인 인증만 하면 누구나 쉽게 무료로 이용할 수 있는 이 서비스는 젠틀몬스터가 국내에서 처음으로 시행했다.

매장이 멀거나 시간을 내기 어려워 매장을 찾아 직접 실물을 보지 못하는 고객들에게 쉽고 편리하게 젠틀몬스터의 제품을 경험할 수 있는 기회를 제공한 것이다. 이처럼 끊임없이 고객에게 새로운 경험을 선사하려는 노력이 지금의 젠틀몬스터를 만든 원동력이다.

제품의 연구와 개발에 들어가는 비용은 점점 늘어나고 있다. 하지만 그렇게 치열한 연구를 통해 만들어진 제품들이 시장에서 고객들에게 어필하는 수명은 오히려 점점 짧아지고 있다. 이는 히트 상품들의 매출 반감기가 점점 짧아지고 있다는 의미이다. 이런 현상은 당분간 계속될 것으로 보인다. 정말 안타까운 것은 이러한 현상은 기업에게 큰 위기로 다가온다는 것이다. 투자비는 많이 드는데 수익은 적어질 공산이 크기 때문이다. 하지만 새로운 경험을 고객에게 꾸준히 줄 수 있는 기업과 브랜드는 항상 시장에서 살아남는다.

어떻게 고객에게 새로운 경험을 제공할 수 있을지의 고민이 필요한 시기이다. 고객에게 의미 있는 새로운 경험을 지속적으로 제공할 때 그 기업과 브랜드는 영속할 수 있다.

CHAPTER 11

때로는 아스팔트길보다 비포장길이 즐겁다

요즘은 참 풍족하고 편리한 시대이다. 스마트폰 하나만 있으면 대중교통을 이용하면서도 업무를 처리할 수 있고, 밤늦은 시간에도 어플리케이션을 이용하여 간편하게 야식을 시켜 먹을 수 있다. 또한 온라인 마트에서 장을 보면 몇 시간 내에 집으로 배달해 주어 굳이 집 밖으로 나가야 하는 번거로움 없이 저녁 식사를 준비할 수 있다. 아침에 온라인 서점에서 책을 주문하면 당일 오후에 도착하여 굳이 서점에 갈 시간을 내지 않아도 편안하게 독서를 즐길 수 있다.

이처럼 많은 기업이 사람들의 삶을 더욱 편리하고 안락하게 해 주는 데 힘을 쏟고 있다. 그들은 무엇이든지 소비자들에게 어필하는 것에 초점을 맞춘다. 하지만 자신의 관심을 끌 만한 물리적인 자극이 전혀 제공되지 않아 편한 서비스와 제품에 무료함을 느끼는 사람도 많다. 많은 사람이 디지털보다 아날로그 감성을 그리워하는 이유는 디지털 세상에 살고 있는 인간이 기본적으로 아날로그적이기 때문이다.

스타벅스에는 진동벨이 없다. 점원은 고객이 주문한 음료가 준비되면 영수증 하단에 있는 번호를 불러 준다고 안내한다. 그렇다면 스타벅스는 왜 다른 프랜차이즈에는 있는 진동벨을 도입하지 않는 것일까?

스타벅스는 사람과 사람의 아날로그적인 접촉을 최대한 만들어 내기 위해 노력하는 것이다. 진동벨이 없으면 손님은 음료가 나올 때까지 카운터 근처에서 서성여야 한다. 그로 인해 주변에 있는 사람들, 주변에 진열되어 있는 제품들과 조금이라도 더 교감을 하게 만드는 것이다. 또한 스타벅스는 음료가 나왔을 때 서빙 테이블에 놓아 두어 손님이 그냥 가져가게 하지 않고, 가능한 한 손에서 손으로 건네 주어 점원의 손길을 느끼게 한다.

돈이 없고 기술이 없어 도로를 아스팔트로 포장하지 않는 것이 아니라, 아날로그 체험을 위해 일부러 먼지 날리는 비포장길로 그대로 두는 것이다. 사람들을 조금 귀찮게 하고 물리적인 경험을 시켜라. 이런 것들이 하나둘 모여 '브랜드 체험'이 되는 것이다.

일반적으로는 정서가 행동에 영향을 준다고 알려져 있다. 기분이 좋을 때는 웃고, 슬플 때는 울며, 화가 났을 때는 주먹으로 책상을 꽝 치기도 한다. 이렇게 자신의 감정과 정서가 자신의 행동을 이끈다. 하지만 반대로 행동이 정서를 이끌 수 있다는 사실은 잘 알려져 있지 않다.

가끔 드라마나 영화를 보면 누군가가 너무 흥분하여 제대로 호흡하지 못하면 봉투에 대고 숨을 쉬게 한다. 봉투 안으로 내쉰 숨 속에 이산화탄소가 더 많아 그 봉투에 담긴 공기를 들이마심으로써 과호흡을 예방하는 생리적인 원리가 있다. 하지만 그 외에도 그런 행동 자체가 사람의 흥분을 가라앉혀 준다. 마찬가지로 낯선 사람과 마주할 때 팔짱을 끼거나 몸을 뒤로 젖힌 상태로 앉으면 방어적인 태도를 보여 주면서도 자신은 심리적으로 안정감을 느낀다. 이런 행동들은 정서에 영향을 준다는 것을 증명한다.

이런 예는 무수히 많다. 사람뿐 아니라 동물들도 행동으로 정서를 컨트롤할 수 있는데, 주인이 몹시 흥분한 강아지의 꼬리를 쓸어내려 주면 서서히 흥분이 가라앉는 것을 확인할 수 있다.

사람들은 행동을 하면서 정서를 조율한다. 기업과 브랜드는 이 사실을 반드시 기억해야 한다. 기업의 제품과 브랜드를 경험하면서 그 경험을 매개로 고객에게 긍정적인 정서가 유도될 수 있다면 그 제품과 브랜드는 이미 성공한 것이나 다름없다.

이렇게 사람들이 직접 행동하게 함으로써 제품과 브랜드를 체험하게 하는 적극적인 방법이 DIY 제품이다. DIY 제품으로 단연 유명한 곳은 최근에 우리나라에도 진출한 이케아이다. 이케아는 스웨덴에서 탄생한 세계적인 DIY 가구, 인테리어 소품 전문 기업으로, 1943년에 조그만 가구 회사에서 출발하여 창업자인 잉바르 캄프라드(Ingvar Kamprad)의 독특한 콘셉트와 혁신, 추진력에 힘입어 현재 전 세계 70여 개국에서 1,200건 이상의 상표 등록권을 보유하고 있다.

그후 한 해 매출액 85억 달러로, 세계 43위의 브랜드 파워를 가진 기업으로 성장했다. 매년 4억 5천 명 이상이 이케아의 가구를 구입하고, 카탈로그도 1억 5천 부 이상 인쇄되어 《성경》 다음으로 많이 읽힌다고 한다.

그렇다면 왜 사람들은 이케아의 가구에 열광할까? 이케아는 물류비와 원가만을 줄이기 위해 DIY 상품을 파는 것이 아니다. 중간 유통 마진 생략을 통한 저렴한 가격과 가격 대비 우수한 품질, 가구와 인테리어 소품 등을 모두 포함하는 품목의 다양성도 높이 사야 한다.

하지만 이케아의 가장 큰 장점은 구매자가 자신이 사용할 물건들을 직접 체험해 볼 수 있다는 점이다. 이케아에서는 인테리어 되어 있는 모든 소품을 자유롭게 만지고 사용할 수 있다. 또한 직접 조립을 해 봄으로써 자신이 만든 유일한 가구라는 인식을 심어 준다. 나같이 손이 서툰 사람이 이케아 가구를 조립하기까지는 상당한 시간과 노력이 필요하지만 그러한 조립의 과정을 거치면 흔한 가구가 아닌 '내가 만든 가구'라는 뿌듯함을 선사한다.

하버드 대학교 경영대학원의 마이클 노튼(Michael Norton)과 툴레인 대학교의 대니얼 모촌(Daniel Mochon), 듀크 대학교의 댄 애리얼리(Dan Ariely) 교수는 직접 노동을 통해 결과물에 대한 애정이 생기는 현상을 '이케아 효과(IKEA effect)'라고 불렀다. 이케아 가구를 조립하면서 만족감을 느끼는 소비자들처럼 자신의 노력과 손길이 닿아 무언가가 만들어지면 자긍심이 커진다는 것이다.

마케팅 전략 중에 '4P 마케팅 믹스 전략'과 '4C 마케팅 믹스 전략'이 있다. 이때 4P는 제품(Product), 가격(Price), 유통(Place), 프로모션(Promotion)을 말하고, 4C는 고객 가치(Customer Value), 고객 비용(Cost to the customer), 편의성(Convenience), 커뮤니케이션(Communications)을 말한다. 이를 각각 적절하게 고려하여 마케팅을 수행하는 것이 바로 '4P 마케팅 믹스 전략'과 '4C 마케팅 믹스 전략'이다.

대부분의 기업이 고객의 편의성 극대화를 위해 많은 노력을 기울이지만 일부 기업은 일부러 고객을 불편하게 만든다. 고객은 편의성이 약간 떨어지더라도 다른 가치가 높아 4C의 총합이 크다면 총합이 큰 바로 그 제품과 브랜드를 선택하기 때문이다.

이케아는 고객이 넓은 매장에서 직접 제품을 고르고, 집까지 직접 운반하고, 심지어 직접 조립해야 하는 불편을 겪게 한다. 이케아의 이런 시스템은 고객의 노력을 요구하지만 그로 인한 저렴한 가격과 고객이 가구를 직접 만드는 과정에서 생기는 성취감 등으로 보상해 준다.

이제는 의도적인 불편함이 필요한 사회이다. 때로는 브랜드가 주는 번거로움이 브랜드에 대한 충성도를 높이는 수단이 될 수도 있다는 것을 깨달아야 한다. 편의성 추구가 대세인 시대와 거꾸로 가는 발상이 오히려 사람들을 매료시키고 있다.

너무 어려운 수준을 소비자에게 요구하는 것이 아니라 스스로 충분히 할 수 있는 수준의 과제와 불편을 제공하여 소소한 재미를 고객에게 주어야 한다. 고객이 비포장길을 달릴 때도 재미를 느낄 수 있도록 균형적인 불편함을 제공해야 한다는 점에 주목해야 한다.

기업과 브랜드도 마찬가지이다. 기업을 운영하는 동안 굉장한 성능의 스포츠카를 타고 잘 닦인 고속도로를 신나게 달리는 경우도 있고, 바퀴에 바람이 빠진 경운기를 타고 울퉁불퉁한 비포장길을 힘겹게 가야 하는 경우도 있다. 하지만 이왕 가야 하는 길이라면 약간 거칠고 힘겹더라도 흥미로운 모험의 길이라 여기며 신나게 달려가 보는 것이 어떨까?

 POINT

작게 쪼개야 기회가 보인다

브랜드를 새로 만든다거나 성과가 좋지 못한 브랜드를 바로잡으려고 할 때에는 어떻게 하는 것이 좋을까? 가장 좋은 방법은 브랜드와 관련된 요소요소를 과감하게 쪼개는 것이다. 고객의 '원츠'를 쪼개고, 자사의 제품이나 서비스를 쪼개고, 브랜드를 만드는 일을 하는 팀을 쪼개고, 마케팅 방법을 갈기갈기 쪼개야만 정확한 구조가 보이고 그제야 새로운 시장이 보여 그 안에서 브랜드로서 자리 잡을 수 있는 기회가 보인다. 이를 극단으로 수행했을 때 형성되는 브랜드를 '나노 브랜드'라고 한다.

나노 브랜드에서 중요한 고객의 '원츠'를 찾는 몇 가지 좋은 방법을 추천한다.

첫째, 밖으로 나간다.
둘째, 다양한 사람들과 교류한다.
셋째, 자신의 내면을 자세히 들여다본다.
넷째, 역할 놀이를 통해 타인이 되어 본다.

성공하는 나노 브랜드를 만들기 위해서는 자신만의 나노 카테고리를 만들고 그렇게 만들어진 시장에서 1등이 되겠다는 마음가짐을 갖는 것이 중요하다.

작지만 강한 나노브랜드

PART 3

약자가 이기는 전략, 나노 브랜드 마케팅 비법

골리앗을 쓰러뜨린 작은 돌팔매
아주 작게 끊임없이 속삭여라
게릴라 마케팅은 확실하게
점으로 선 만들기, 접점을 늘려라
소비자의 잠재의식에 파고들어라
한정판으로 가슴을 뛰게 하라
새로운 플렛폼에서 기회를 찾아라
빅데이터를 작게 이용하라
외부 네트워크를 100퍼센트 활용하라
심플하고 파워풀한 이름을 지어라

CHAPTER 01

골리앗을 쓰러뜨린 작은 돌팔매

다윗은 이새의 여덟 명의 아들 중 막내로 태어났다. 그의 형들이 팔레스타인과의 전쟁에 나가 있을 때, 작은 소년이던 그는 고향에서 양을 쳤다. 그 당시 팔레스타인 진영에는 골리앗이라는 어마어마한 거인 투사가 있었는데, 그는 청동 투구와 비늘 갑옷으로 무장하고 엄청난 크기의 창을 든 채 이스라엘군을 막무가내로 몰아붙이고 있었다. 전쟁터에 있는 형들에게 빵을 가져다주던 다윗은 이스라엘군들이 골리앗에 벌벌 떨며 어쩔 줄 몰라 하는 모습을 보고 자신이 직접 골리앗과 상대하기로 결심하였다.

전투에 나가기 바로 직전, 지휘를 하고 있던 이스라엘의 장군이 다윗에게 두툼한 갑옷과 단단한 투구, 큰 칼을 내주었다. 하지만 다윗은 자신에게 맞지 않는 무기 때문에 몸을 제대로 움직일 수 없을 것이라고 생각했다. 한 번도 사용해 보지 않은 것들이 자신에게 오히려 방해가 될 수도 있을 것이라며 거절했다. 다윗은 갑옷과 투구, 칼 대신 자신이 양을 칠 때 사용하던 막대기를 집어 들었고, 단단한 돌멩이 다섯 개를 골라 메고 있던 가방 주머니에 넣었다. 그리고 골리앗 앞으로 천천히 다가갔다.

골리앗의 위용은 대단했다. 하지만 다윗은 두려워하지 않았다. 다윗은 자신의 가방 주머니에서 돌멩이 하나를 꺼낸 후에 골리앗을 향해 돌팔매질을 했다. 돌멩이는 골리앗의 이마를 정통으로 맞추었다. 이 때문에 골리앗은 머리에 피를 흘리며 쓰러졌다. 다윗은 그 틈을 타 골리앗의 칼집에서 칼을 뽑아 그의 목을 벴다.

〈다윗과 골리앗의 전투〉로 불리는 이 이야기는 성경뿐 아니라 동화책에도 자주 등장한다. 이 이야기 속에 나노 브랜드를 성공적으로 만드는 놀라운 방법이 숨겨져 있다는 것을 눈치챘는가?

여행 가방 전문 브랜드인 '투미(TUMI)'는 미국 뉴저지에 본사를 두고 있다. 찰리 크로포트가 1975년에 페루 봉사단에서 활동할 때 그 지역 신의 이름에서 영감을 얻어 회사 이름을 지었다. 투미는 업계 최초로 방탄 나일론 가방을 출시하며 유명해졌는데, 지금은 전 세계 백화점과 200여 군데의 로드숍, 면세점 등에서 인기리에 판매되고 있다. 투미는 여행 가방, 벨트, 펜, 전자 제품까지 두루 갖춘 종합 브랜드가 되었지만 처음에는 남성용 비즈니스 여행 가방에만 집중하여 고객군을 작게 설정하고 사업을 전개해 나갔다.

튼튼한 내구성과 심플한 디자인으로 인기를 얻고 있던 투미는 '투미 추적 장치'라는 여행자의 콘셉트에 맞는 아이디어로 더욱 강력한 브랜드가 되었다. 투미 추적 장치는 가방마다 20개의 고유번호를 등록해 놓고 도난이나 분실된 가방이 찾아졌을 때 바로 소유주를 확인할 수 있는 것이다. 남성 비즈니스 트래블러를 위한 여행 가방의 콘셉트에 꼭 맞는 기능으로 폭발적인 시장의 호응을 이끌었다. 지금은 버락 오바마 미국 대통령 등 유명인들이 애용하면서 남성 가방 시장을 선도하고 있다.

투미의 예에서 알 수 있듯이 다윗은 작은 돌을 던져야 한다. 골리앗이 휘두를 수 있는 무겁고 큰 칼이 아니라 나에게 꼭 맞는 돌팔매를 찾아야 한다. 상대방이 들고 있는 무기가 멋지고 좋아 보인다고 해서 자신의 몸과 능력에 맞지 않는 것을 무기로 삼으면 무조건 실패한다. 다윗이 큰 칼로 골리앗과 맞섰거나 바위를 들어 던지며 대결했다면 이 이야기는 지금까지 알려지지 않았을 것이다.

다윗 브랜드가 골리앗 브랜드를 넘어선 예는 국내에서도 많이 찾을 수 있다. 네이버의 창업자인 이해진 대표는 1999년 6월, 삼성 SDS에서 독립하여 주식회사 네이버를 설립했다. 그 당시, 이메일과 카페 서비스를 성공적으로 운영하고 있던 다음이 포털 업계의 1위 자리를 지키고 있었고, 그 누구도 그 벽을 깰 수 있을 것이라고 생각하지 않았다. 하지만 네이버는 다음과는 다른 서비스인 '지식iN'을 기획하고, 신선한 느낌의 배우 전지현을 모델로 내세워 공격적인 마케팅을 펼쳤다. 그 결과, 네이버는 현재 대한민국 1등 포털 서비스로 자리 잡았으며, 시가 총액이 20조 원이 넘는 공룡 기업이 되었다.

최초의 유인 동력 비행기를 만든 사람은 라이트 형제(Wright brothers)

이다. 라이트 형제는 전형적인 다윗이었다. 1903년에 플라이어호를 타고 창공으로 날아오른 라이트 형제의 당시 직업은 놀랍게도 자전거 가게 주인이었다.

그들 반대편에 서 있던 골리앗은 당시 스미소니언 협회장까지 지낸 항공 관련 최고 권위자이자 천체 물리학자인 새뮤얼 랭글리(Samuel Langley) 교수였다. 그는 노벨상이 제정되기 전인 1887년에 가장 권위 있는 상이었던 영국왕립협회의 럼퍼드상(Rumford Medal)을 받기도 했다. 그는 여러 대학에서 수학과 천체물리학을 가르쳤고, 그가 쓴 천문학 서적은 일반인들에게도 널리 읽혔다. 그는 에디슨이나 벨처럼 당시 많은 사람의 존경을 받는 과학자이자 발명가였다.

랭글리 교수는 1887년에 동력 비행을 연구하기 위해 연구소를 설립한 뒤에 300여 명의 연구진과 연구를 진행했다. 무인 동력 비행에 처음 성공한 것은 바로 그였다. 그는 1896년에 비행기 개발 경쟁을 벌이던 라이트 형제보다 먼저 두 쌍의 날개와 그 사이에 프로펠러가 달린 비행체인 '에어로드롬'을 하늘에 띄웠다. 무인 비행기 개발에 성공한 그는 미국 정부의 전폭적인 지원을 받았다. 쿠바 문제로 스페인과의 전쟁을 눈앞에 둔 미 국방성이 의회의 승인을 받아 당시로는 엄청난 금액인 5만 달러를 지원했다. 랭글리 교수는 그 돈과 스미스소니언 협회에서 모은 2만 달러를 더해 본격적으로 유인 비행기 개발에 나섰다. 하지만 랭글리의 유인 비행기 프로젝트는 계속해서 실패를 거듭했다.

7년 뒤, 라이트 형제는 1,000번에 가까운 실험 끝에 인류 최초로 동력 비행기를 타고 화려하게 날아올랐다. 이론보다는 현장 실험과 실행을 중요시하고 숱한 실패에도 좌절하지 않고 하루에 20번씩 석 달 동안 1,000번 넘게 글라이더를 하늘에 띄운 라이트 형제가 결국 승리를 거둔 것이다. 그들의 움츠러들지 않는 정신과 하늘을 날고 싶다는 열망이 세계 최초로 비행기를 만들게 한 것이다.

커다란 골리앗을 쓰러뜨린 다윗의 승리에는 다윗다움이 있었다. 하지만 전략과 전술에 앞서 태도가 중요하다. 작은 브랜드일수록 누구에도 지지 않는 큰 꿈과 의지가 필요하다. 작은 브랜드들이 승리하는 시대가 오고 있기는 하지만 작다고 모두 되는 것은 아니다. 다윗이 골리앗을 이길 수 있다는 믿음과 확신, 그것을 현실화할 수 있는 열정이 있어야 한다. 우리 회사와 브랜드는 꼭 성공할 수 있다는 단단한 마음가짐과 의지를 바탕으로 임해야 우리의 나노 브랜드는 세상에 나와 파란 싹을 틔우고 탐스러운 열매를 맺을 수 있다.

CHAPTER 02

아주 작게
끊임없이 속삭여라

개인 사진 공유 어플리케이션 개발 업체인 본프리(Bonfyre)의 CEO 마크 소이어(Mark Sawyer)는 이렇게 말했다.

"내로캐스팅은 페이스북이나 트위터 등 주요 소셜 네트워킹 사이트처럼 멀리 퍼지는 것의 반대되는 개념으로, 모바일 마케팅에서 떠오르는 트렌드이다."

그리고 이렇게 덧붙였다.

"내로캐스팅은 브랜드가 이벤트와 공유된 경험에 기반을 두고 가장 중요한 개인만 골라 작게 타깃팅할 수 있도록 만든다. 예를 들어, 소셜 미디어 팔로워 중 95퍼센트가 필라델피아에서 열리는 콘서트에 참여하지 않을 것이라면, 실제로 참여하는 사람들만을 위해 콘서트 전과 후에 맞춤형 콘텐츠를 만드는 데 더 노력을 기울이는 것이 좋지 않을까? 소셜 미디어 채널의 유기적인 도달률이 줄어들면서 콘텐츠의 문맥이 무엇보다 중요해졌다."

나노 브랜드를 성공적으로 론칭하고 지속적으로 사랑받는 브랜드로 유지해 가기 위해서는 특정 대상에게 의미 있는 마케팅 메시지를 지속적으로 노출하는 것이 필요하다. 브랜드는 사람들의 인식 안에 존재할 때만 의미가 있기 때문이다. 이미 거의 모든 분야의 시장은 성숙해 있다. 이런 성숙된 시장에서 기존의 브랜드들과 경쟁해서 소비자들에게 인식되기 위해서는 자신의 브랜드에 최적화된 강력한 나노 마케팅이 필수이다. 때로는 무식하게, 때로는 디테일하게, 때로는 오프라인으로, 때로는 온라인으로 다양하게 접근하는 것이 좋다. 하지만 여건상 자신 있는 마케팅 수단이 없다면 빠르게 배워 실행할 수 있는 한두 가지 마케팅 방법에 집중하는 것이 더 효율적이다.

"초점을 맞추기 전까지 햇빛은 아무것도 태우지 못한다."라는 알렉산더 벨(Alexander Bell)의 말처럼 작은 돋보기만 들고 있는 우리는 더욱 집중해야 한다. 적은 비용으로 빠르게 특정한 세부 집단의 마음을 사로잡는 것이 중요하고, 이는 기술의 발달로 인해 가능해졌다. 자신의 브랜드 성격과 역량에 맞는 마케팅 수단을 정하고 그것에 집중해야 한다.

나노 브랜드 형성에 필요한 마케팅은 다양한 집단을 대상으로 하는 매스 마케팅이 아니라 나의 대상 고객 하나하나에 집중할 수 있는 나노 마케팅이다. 나노 마케팅을 적용하기 쉬운 것은 대표적으로 온라인 디지털 마케팅이다. 어떤 회사나 브랜드의 요청에 의해 마케팅 컨설팅을 가게 되면 가장 먼저 체크해 보는 것이 온라인 디지털 마케팅을 적절하게 잘하고 있느냐의 여부이다. 온라인 디지털 마케팅은 나노 브랜드 마케팅의 핵심이기 때문이다.

내가 나노 브랜드를 만들 때 처음으로 준비하는 툴도 바로 온라인 디지털 마케팅이다. 내가 본격적으로 마케팅 업무를 시작했을 때는 온라인 시장에서 네이버가 다음에 도전장을 내밀고 있을 무렵이었다. 네이버는 다음의 카페 서비스를 본 따 네이버 카페 서비스를 시작했고, 치열한 포털 시장에 자리 잡기 위해 공격적으로 마케팅했다. 다음에서는 카페 서비스를, 네이버에서는 지식iN 서비스를 대표 서비스로 내세우며 대한민국 포털 시장을 차지하기 위해 힘썼다.

이때 나는 나의 첫 번째 사업 분야였던 어학연수에 포털 카페 마케팅 역량을 쏟아부었다. 여기에서 얻은 경험과 노하우를 통해 전혀 다른 분야의 여러 브랜드를 성공적으로 만들었고, 많은 부분에서 포털의 카페를 베이스캠프로 이용했다. 그리고 블로그, 지식iN, 웹 문서, 커뮤니티, SNS, TV 협찬, 연예인 협찬 등의 마케팅 전략을 하나하나 늘려 나갔다.

물론 한 번에 많은 마케팅 채널을 공략할 수 있는 자본, 인원, 네트워크, 노하우 등이 있다면 한 번에 많은 마케팅 채널에 융단 폭격처럼 진행하는 것도 좋겠지만 그렇지 못할지라도 한 분야에서 자신이 내세울 수 있는 진검 하나가 있다면 어떤 상황에도 의연하게 대처할 수 있는 담대함을 가지게 될 것이다.

자신이 경험해 보지 않는 전혀 새로운 분야에서 브랜드를 만들 때에는 주의하는 것이 좋다. 간을 보는 시간이 적당히 필요하다는 의미이다. 한정적인 예산으로 최대의 효과를 뽑아내야 하는 마케팅 담당자들은 자신의 시각과 분석만을 바탕으로 한 확신만 가지고 한 방을 노리지 않는 것이 좋다. 작은 회사나 브랜드들은 한 번의 실수가 그 회사나 브랜드를 세상에서 사라지게 할 수도 있기 때문이다.

이를 테면 TV 광고를 준비하고 있는데 예산이 조금 부족하다면 TV 광고에 대해 다시 한 번 생각하고 전략적·단계적으로 진행할 필요가 있다. 예를 들면 KBS, MBC, SBS 같은 공중파가 아닌 디지털 IPTV 등에 광고를 집행해 보는 것이다. 아직은 공중파보다는 IPTV의 광고가 더욱 저렴하다. IPTV 광고의 또 다른 장점은 특정 콘텐츠를 보는 사용자를 정확하게 타깃팅할 수 있다는 것이다.

자녀를 둔 어머니를 대상으로 한 제품과 브랜드는 KBS, MBC, SBS보다는 타깃층이 상대적으로 더 정확한 EBS에 광고를 하는 것이 더 좋은 전략이다. 같은 비용을 들여 더 정확한 대상에게 자주 나의 브랜드를 노출하는 것이 중요하다.

온라인에서의 브랜딩과 마케팅도 마찬가지이다. 네이버 첫 페이지의 중앙에 있는 배너 광고는 시간당으로 과금한다. 그 또한 시간당 수천만 원의 광고비가 든다. 아무리 예산이 넉넉하다 해도 네이버 포털의 첫 페이지에 그런 식으로 광고를 하는 것은 위험도가 높다. 그런 전략이랄 것도 없는 전략으로 온라인 마케팅을 진행하기보다 정확한 사람들에게 자신의 메시지를 전달할 수 있는 전략을 짜는 것이 현명하다.

예를 들면 전국망의 안과가 온라인으로 브랜딩 작업을 해야 한다면 우선 전문 분야를 선택해야 한다. '라식', '라섹', '렌즈 삽입술', '노안 전문'

등 자신의 강점을 좁혀 만들어야 한다. 그래야 사람들에게 '라식 전문 ○○병원'이라고 인지시킬 수 있다. 그리고 네이버 메인 페이지에 배너 광고로 예산을 다 써 버리는 것이 아니라 지역 키워드와 세부 키워드를 이용한 키워드 광고를 하는 것이 현명하다. 그리고 남은 예산을 언론 홍보 마케팅, 블로거들을 이용한 바이럴 마케팅, 연예인 마케팅 등 다양한 마케팅을 적절하게 믹스하여 균형 있게 진행해야 한다. 이것도 그나마 예산이 넉넉한 병원에서만 할 수 있다. 만약 예산이 넉넉하지 못하다면 가장 효율이 좋을 만하고 가장 자신 있는 마케팅에 집중해야 한다.

그리고 홈페이지의 배너 위치와 마케팅 메시지 등도 심도 있게 고려해야 한다. 올레닷컴 같은 통신사 포털도 사용자가 모은 '별(일종의 사이버머니)'에 따라 배너의 위치와 마케팅 메시지를 능동적으로 그리고 자동적으로 바뀌도록 설계하고 만들었다. 더 적은 비용으로 고객에게 꼭 맞는 메시지를 전달할 수 있기 때문이다.

이미 도래한 모바일 시대에서는 이런 전략이 더욱 필수적이다. 화면이 작은 모바일 기기 때문에 사람들은 긴 글을 읽지 않는다. 그렇기 때문에 브랜드는 더 짧은 콘텐츠로 승부해야 한다. 인포메티카의 CMO인 마지 브레야는 앞으로 점점 모바일로 보기에 더 적합하도록 콘텐츠가 더욱 짧아질 것이라고 예상했다. 그는 이렇게 말했다.

"동영상의 최대 길이가 6초인 바인(Vine)과 같은 어플리케이션처럼 브랜드들이 3초 동영상 혹은 디바이스에 24시간만 저장되는 스냅챗(Snapchat) 사진과 같은 서비스들이 늘어날 것으로 보인다."

모바일은 새로운 브랜딩 기회의 장인 만큼 이것저것 새로운 툴과 방법을 익혀 가면서 도전해 보는 것을 권한다.

다시 한 번 강조하지만 인간의 기억과 인지 용량은 유한하다. 나아가 인간은 기억하고 생각하는 것을 본능적으로 귀찮아한다. 따라서 지속적으로 새로운 자극을 주지 못하는 브랜드는 기억 속에서 망각되어 지워지고 소비자들에게 선택받을 일도 없어진다. 나의 브랜드가 속해 있는 상품군을 원할 법한 고객들에게 가장 자주 접해지는 브랜드만이 시장에서 선택되어 존속될 수 있다.

나노 브랜드 성공의 관건은 결국 차별화이지만 이런 차별화가 전부는 아니다. 모든 것에서 달라야 하고, 남보다 나아야 한다. 남보다 더 작아서 소비자의 꼭 맞는 욕구를 채워 주어야 한다. 그리고 그 작은 차별화를 통해 형성된 브랜드 이미지를 지속적으로 그리고 끊임없이 고객들에게 어필해야 한다.

CHAPTER 03

게릴라 마케팅은 확실하게

역사는 우리에게 교훈을 준다. '그냥 지나간 이야기', '현재를 살아가는 우리와 아무런 관계가 없는 이야기'처럼 생각되는 역사가 삶의 지표와 교훈이 되어 주는 경우가 많다. 제품의 브랜딩과 마케팅을 전개해 나갈 때도 역사에서 교훈을 얻을 수 있다.

　미국이 베트남과의 전쟁에서 패한 역사는 나노 브랜드 마케팅에서 게릴라 마케팅이 얼마나 중요한지를 말해 준다. 베트남 전쟁이 발발할 당시, 미국은 세계 역사상 기술적으로 가장 진보되어 있는 전쟁 무기를 가지고 있었다. 미국은 초고속 제트 전투기와 헬리콥터, 진보된 컴퓨터, 앞선 통신 기술 등을 바탕으로 이미 세계의 경찰 국가로 군림하고 있었다. 하지만 기술이 전부가 아니었다. 미국은 앞선 전쟁 과학 기술을 보유하고 있었지만 전쟁에 대한 미국 내부 사회의 분열 등으로 미국을 하나로 뭉쳐주는 단일한 국가 전략은 가지고 있지 않았다. 그 결과, 승리를 확신했던 미국은 베트남 전쟁에서 좌충우돌하며 고전하다가 패배를 맛보았다.

반면에 거의 모든 면에서 열세였던 베트남은 단순한 전략을 고수했다. 끊임없이 적의 중심을 간헐적으로 공격하는 게릴라전을 사용한 것이다. 심지어 북베트남군의 주력 소총은 AK-47이었는데, 이는 매우 구식이었다. 하지만 베트남의 현지 상황에 가장 적합한 무기였다. AK-47 소총은 80여 개의 부품으로 구성되어 있는데, 그중에서 가동 부품은 8개에 불과했다.

이렇게 구조가 간단하다 보니 생산 단가도 저렴하고 운용하기도 용이했다. 게다가 간단한 구조로 인해 어떤 환경에서도 제대로 발사되었다. 모래에 덮어 놓아도, 고온에 오래 놔 두어도, 총열이 휘어도, 심지어 자동차에 깔린 후에도 발사되는 신뢰성을 지녔다. 베트남 전쟁 당시 6개월 이상 물에 잠겨 있던 AK-47을 대충 물기만 털어 사용한 일화도 있다. 이처럼 베트남의 상황에 꼭 맞는 장비와 단순한 전략에 집중한 것이 미국의 패전을 이끌어 낸 것이다.

이와 마찬가지로 여러 면에서 분리한 조건의 나노 브랜드는 적은 비용을 사용해서 작은 규모이지만 확실하게 브랜드 마케팅을 해야 한다. 이때 꼭 필요한 마케팅이 바로 '게릴라 마케팅'이다.

게릴라 마케팅은 언더커버 마케팅, 스텔스 마케팅, 앰부시 마케팅, 레디컬 마케팅 외에도 다양한 종류가 있지만, 이것들을 모두 알 필요는 없다. 자신에게 필요한 한두 가지 방법의 게릴라 마케팅만 확실하게 알아

두고 실제로 실천에 옮기면 된다. 너무 많은 이론적 배경은 간혹 실천을 가로막는 장애물로 작용한다.

게릴라 마케팅이 나노 브랜드 형성의 중요한 열쇠인 이유는 적은 비용으로 수행할 수 있다는 것이다. 그리고 브랜드의 고객군이 될 만한 사람들에게 직접적인 메시지를 전달할 수 있다는 것이다. 게릴라 마케팅은 기존의 매체와 기존의 메시지 전달 방식에 대한 피곤함과 지루함을 친근함과 신선함으로 바꾸어 준다. 하지만 주의할 점이 있다. 게릴라 마케팅을 성공적으로 수행한다면 자연스러운 브랜드 전파가 가능하지만 적절하지 못한 내용을, 적절하지 못한 방식으로 진행했을 때에는 고객들에게 해당 브랜드가 '싸구려'라는 느낌이나 불쾌감을 주는 역작용이 생길 수 있다. 그렇기 때문에 긍정적이고 유쾌하며 부담스럽지 않은 선에서 게릴라 마케팅을 진행하는 것이 좋다.

몇 년 전에 홍대 바나나녀, 홍대 계란녀, 압구정 사과녀와 같은 수많은 '○○녀 시리즈'의 노이즈 마케팅이 유행한 적이 있다. 포털 사이트의 실시간 검색어에 오르내리며 수많은 사람의 관심을 받았다. 하지만 이런 일시적이고 변형된 관심은 브랜드 형성에 긍정적인 영향을 미치지 못한다. 진정성이 없는 깜짝 이벤트에 불과하기 때문이다. 이렇게 일시적으로 진행하는 노이즈 마케팅은 진정한 의미에서 게릴라 마케팅의 범주에 포함되지 않는다. 게릴라 마케팅을 노이즈 마케팅과 혼동해서는 안 된다. 게릴라 마케팅의 본 의미는 진정성 있는 메시지를 강력하고 명확한 채널을 통해 간헐적으로 꾸준히 수행하는 것이기 때문이다.

최근에 네티즌들에게 화제가 된 광고가 많다. 배달의 민족의 키치 콘셉트 시리즈 중 하나인 '다이어트는 포샵으로', '으리'를 강조하며 언어유희를 통해 재미를 준 '비락식혜', 배우 이승기와 이서진이 이소룡으로 분해 "싸다!"를 외친 '위메프'의 절대우위 광고 등이 바로 그것이다. 절절한 유머 코드를 섞어 만든 이런 광고들은 'B급' 코드에 주목하여 만든 광고들로, 'A급'의 활약을 했다. 해당 제품의 매출 증가가 뉴스에 소개될 정도로 효과는 막강했다.

하지만 즐거움과 웃음만 주려는 노력은 허무해질 수 있다. 자칫하면 콘텐츠와 내용은 재미가 있음에도 나의 브랜드는 고객들의 기억에 남지 않는, 그야말로 힘 빠지는 일이 일어날 수 있다. 또한 즐거움과 웃음의 코드가 맞지 않아 오히려 기업과 브랜드 이미지에 독이 될 수도 있다. 어설픈 웃음 코드로 주목받고자 하는 강박에 사로잡혀 있다면 생각을 바꾸어 보자. 고객들은 각자에 맞는 웃음의 소스를 다른 많은 채널을 통해 소비하고 있다. 우리 브랜드까지 그 소스 중에 하나가 될 필요는 없다. 기업과 브랜드의 목적과 가치를 관통하는 진정성 있는 콘텐츠를 통해 게릴라 마케팅으로 팬을 만드는 것이 나노 브랜드가 가야 할 정도이다.

브랜드의 별명을 띄우기 위해서도 게릴라 마케팅을 이용할 수 있다. 브랜드의 별명을 만드는 가장 효과적인 방법은 연예인들에게 협찬하여 미디어에 노출시키는 것이다. 그러면 일부 감각 있는 시청자들은 방송사 게시판이나 기타 인터넷 게시판에 '오늘 드라마에서 ○○○가 쓴 선글라스는 어느 브랜드인가요?'라는 질문을 한다. 이때 브랜드 담당자는 자연스럽게 해당 질문에 답을 달아야 하고 관련 내용이 다른 사람들에게 퍼질 수 있도록 꾸준히 노출시켜야 한다.

가끔은 반대 순서로 일을 진행하기도 하지만 억지로 사람들의 참여를 만들기는 어렵다. 사람들이 브랜드를 과도하게 홍보한다는 낌새를 알아차리면 오히려 역풍을 맞을 수도 있다. 유명 연예인이 출연할 드라마나 영화에 브랜드가 협찬할 계획이 있거나 협찬이 이루어지면 브랜드 홈페이지나 공식 블로그 혹은 관련 커뮤니티 등에 적극적으로 알리려는 노력은 필수이다. 다만 지나치게 노골적인 홍보는 오히려 부정적인 반향을 일으켜 독이 될 수 있으니 홍보의 수위 조절은 필수이다.

이처럼 게릴라 마케팅에서 쉽게 효과를 직접 볼 수 있는 것이 커뮤니티를 이용하는 것이다. 커뮤니티는 특정 분야에 관심을 갖고 있는 사람들이 소통하는 공간이기 때문에 특정 주제를 가지고 운영되고 있는 커뮤니티는 우리가 만들어 가고 있는 나노 브랜드에 관심이 있고 긍정적으로 받아들일 법한 사람들이 모여 있을 가능성이 크다.

예를 들어 자동차를 사용하는 사람들의 원츠를 정확하게 파악한 후에 특정한 쓰임에 꼭 맞는 나노 제품을 개발했다고 생각해 보자. 그리고 이 제품을 다양한 수단을 통해 마케팅을 해야 하는데, 그 처음 단계에서 가장 좋은 것은 자동차 커뮤니티이다. 네이버, 다음 카페의 자동차 커뮤니티나, '보배드림'과 같은 중고 자동차 커뮤니티는 자동차에 관심 있는 사람들이 모여 있는 사랑방이다. 이곳에 모여 활동하며 의견을 나누는 사람들은 자동차에 관련된 다양한 제품에 관심이 많고 그런 제품에 대한 의견을 나누고 서로 소통하는 데 즐거움을 느낀다. 바로 그것이 그들의 문화인 것이다.

이곳을 게릴라전의 전장으로 만들어라. 방법적으로 다양하게 접근할 수 있다. 브랜드의 이름을 슬쩍 언급하여 관심을 끄는 방법부터 운영자에게 자신의 브랜드를 노출시켜 달라는 제휴 같은 적극적인 광고까지 다양하게 진행할 수 있다. 물론 여러 가지 방법을 시도해 보고 자신의 회사나 브랜드에 가장 적합한 방법을 찾아야 한다.

전 세계가 인터넷이라는 매개체를 통해 하나로 연결되는 초연결 시대에 살고 있는 우리는 더 이상 자신의 경험과 생각 또는 주변 사람들의 경험과 생각만을 고려하여 상품과 서비스를 선택하지 않는다. 우리의 잠재고객들은 자신이 활용할 수 있는 모든 수단을 이용하여 자신이 원하는 제품과 서비스에 대한 정보를 구하고 그 정보를 취합한 후에 구매를 결정짓는다.

브랜드의 웹사이트 혹은 쇼핑몰을 이용한 홍보는 가장 보편적이며 기본적인 방법이지만 그 효율이 점점 줄어들고 있다. 그렇기 때문에 기민하고 적절한 디지털 게릴라 마케팅은 나노 브랜드 마케팅에 필수적인 전략이다. 간단히 할 수 있는 것부터 당장 시작해 보라.

CHAPTER 04

점으로 선 만들기, 접점을 늘려라

경제학과 심리학을 접목한 신경 마케팅 분야의 세계적인 권위자인 한스-게오르크 호이젤(Hans-Georg Hausel) 박사는 이렇게 말했다.

"감정이 소비자의 구매를 결정하는 데 거의 모든 부분을 지배한다."

또한 신경 정보학자들의 연구 결과에 따르면, 시각과 청각, 후각이 뇌에 전달하는 정보는 1초당 약 1,000만 비트 이상이지만 그중에 사람이 의식하는 정보는 고작 0.004퍼센트에 불과하다고 한다. 그렇기 때문에 소비자는 상품 구매를 결정할 때 객관적인 정보보다 감정의 지배를 받을 수밖에 없다. 객관적인 정보는 너무나 방대하고, 그 방대한 모든 정보를 한꺼번에 처리할 수 없기 때문이다.

소비자는 일단 감정에 의해 구매를 한 이후에 구매 결정을 하게 한 감정을 합리화하기 위해 이성적 기준을 거꾸로 끌어온다. 즉 자신이 합리적인 구매를 했다는 것을 자기 스스로 인정하게끔 이성적 평계를 만든다는 것이다. 예를 들면, 과자 포장의 디자인에 끌려 구매를 한 후에 "배가 너무 고프네. 초콜릿보다 과자 칼로리가 더 낮지. 난 다이어트 중이니까 이 과자를 먹는 게 좋겠다." 혹은 예상보다 조용한 ○○냉장고의 소음에 감동하여 그 냉장고를 구매한 후에 "이 냉장고는 사용 전력이 낮아서 전기를 아낄 수 있으니 이것을 사야겠다."라고 이성적인 합리화를 한다.

따라서 기업과 브랜드의 성공을 위해서는 소비자가 설문지에 작성하는 구매 동기도 참고해야겠지만 그것과 더불어 소비자의 무의식에 들어가 구매를 결정하는 감정의 동기를 찾아보고 그것을 제품과 브랜드로 터치하려는 노력을 해야 한다.

그렇다면 어떻게 해야 무의식에 우리의 제품과 브랜드를 각인시킬 수 있을까? 소비자들의 무의식을 연구하기 위해 직접 최면을 공부한 적이 있다. 최면에서 가장 중요한 점 중 하나는 사람에게는 최면을 받아들이는 능력, 즉 '최면 감수성'이 있다는 것이다.

더욱 흥미로운 점은 최면 감수성은 사람마다 다르다는 사실이다. 그리고 한 사람의 경우에도 그 사람의 감수성 크기가 정해져 있어 영원히 바뀌지 않는 절대적인 것이 아니라 반복과 훈련으로 점점 더 커질 수 있다. 그래서 많은 최면가가 "사람들에게 최면 상태를 유도하기 위해서는 반복적인 최면 경험이 중요하다."라고 말한다. 소비자들도 마찬가지이다. 소비자의 무의식에 접근하는 것도 꾸준한 반복에 의해 더 쉬워진다. 대기업들이 엄청난 비용을 들이며 매스미디어에 자사의 광고를 계속해서 노출시키는 것도 이런 이유 때문이다.

남녀가 SNS로 연인이 되려면 어느 정도의 교류가 있어야 할까? 10번? 20번? 50번? 서로 대화를 나누고 '좋아요'를 눌러 주다 보면 연인이 될 수 있을까? 이 흥미로운 질문에 대한 조사가 있었다. 다국적 전기 전자 제품 판매 업체인 픽스마니아의 조사에 따르면 트위터의 메시지는 224번, 페이스북의 메시지는 70번 서로 공유가 되어야 연인으로 발전할 수 있다고 한다.

그렇다면 남녀가 연인이 되는 것이 어려울까? 아니면 우리의 브랜드가 고객에게 선택받는 것이 어려울까? 복잡하고 어려운 계산이 필요해 보인다. 하지만 이것만은 확실하다. 수십 번의 직간접적인 고객과의 접촉이 있어야 우리의 브랜드가 고객에게 인지된다는 사실이다.

"보이지 않으면 알고 싶지도 않다."
"검색되지 않으면 존재하지 않는 것이다."

내가 컨설팅이나 강의를 할 때 항상 강조하는 말이다. 아무리 획기적인 콘셉트와 좋은 스토리, 입에 착 붙는 브랜드 이름을 가지고 있다 해도 사람들에게 보이지 않으면 소용이 없다. 또한 사람들이 브랜드를 만나는 접점과 브랜드에 대한 점검 그리고 구매까지의 일련의 과정이 온라인과 모바일을 통해 폭발적으로 늘고 있는 이 시대에 검색이 되지 않으면 고객에게 인지되기는 매우 어렵고 브랜드 성립과 브랜드 수명의 연장도 요원한 이야기가 된다.

'벽을 향해 스파게티를 많이 던져라. 그러다 보면 그중 하나는 벽에 붙을 것이다.'라는 이탈리아의 속담처럼 점으로 선을 만든다는 마음가짐으로 끊임없이 고객을 만나기 위해 노력해야 한다.

'위기가 기회이다.'라는 말은 항상 옳다. 때로는 따라가기 버겁더라도 디지털 기술을 이용하면 나노 브랜드를 만드는 것은 어렵지 않다. 예전보다 점을 찍어 선을 만들기가 훨씬 쉬워졌다는 의미이다. 오늘날에는 기회가 더 많다. 지금은 사람들의 정보와 감정의 교류가 광속으로 일어나고 있는 시대이다. 좋은 감정의 전달을 야기할 수 있는 방아쇠가 당겨졌다면 이 방아쇠의 당겨짐에 의해 수많은 다른 방아쇠가 당겨질 수 있어 한꺼번에 많은 새를 잡을 수 있다. 팝아트의 거장 앤디 워홀(Andy Warhol)의 말은 이미 현실이 되었다.

"미래에는 모든 사람이 15분 만에 유명한 사람이 될 것이다."

하지만 디지털 세상이 항상 기업과 브랜드에게 유리한 것은 아니다. 아시아나 항공이 속해 있는 스타얼라이언스에는 마일리지를 항공권으로 바꾸면 세계 일주를 할 수 있는 '한붓 그리기'라는 것을 이용할 수 있었다. 한붓 그리기는 마일리지 좌석이 지역별로 가격이 다르고, 스탑 오버가 가능한 점을 이용하여 마일리지만으로 세계 여러 나라의 여행이 가능했다.

아시아나 마일리지를 적립하고 있는 고객들 중에 마일리지를 모아 세계 여행을 하는 것을 인생의 큰 계획으로 삼고 있는 사람도 있었다. 하지만 스타얼라이언스의 약관 변경에 의해 이제는 불가능해졌다. 사람들은 블로그와 SNS을 통해 아시아나에 느끼는 배신감들을 토해 냈다. 이처럼 부정적인 점들도 디지털 세상에서는 빠르게 전이될 수 있음을 주의해야 한다.

잠재 고객이 일단 우리의 나노 브랜드를 접하고 매력을 느껴 구매가 이루어지고 실제 고객이 되었다면, 이제는 디지털 리텐션 전략으로 힘겹게 만들어 놓은 선을 유지해야 할 차례이다. 리텐션 전략이란, 고객을 꾸준하게 유지하는 전략이자 기존의 고객이 어떤 이유에서든 더 이상 고객이 아닐 때, 계속해서 메시지를 보내 다시 고객으로 만드는 것이다.

가장 대표적인 디지털 리텐션의 수단은 '이메일'이다. 하지만 이메일을 구독하고 오픈하는 숫자는 한정되어 있어 점점 효용성이 줄고 있다. 그래서 디지털 리텐션의 방법은 문자, 전화, SNS, 리타기팅 배너 광고, 스마트폰 어플리케이션 등으로 다양하게 확대되고 있다. 회사의 규모와 브랜드의 성질에 맞는 디지털 리텐션 전략을 충분히 고민하고 준비해야 이미 잡힌 물고기들이 그물을 뚫고 다른 대양으로 가는 것을 막을 수 있다.

시장 점유율보다 고객 시간 점유율이 더욱 중요하다. 고객을 온전히 나의 고객으로 만들겠다는 생각은 위험하다. 고객이 원하지만 채워지지 못한 원츠와 고객의 비어 있는 시간을 나의 제품과 브랜드로 채우겠다는 생각으로 접근하는 것이 좋다. 그렇게 고객에게 꾸준하고 끈질기게 접근해 간다면 고객들의 마음에 비로소 내 브랜드로 된 그림을 그릴 수 있게 되는 것이다. 이때 고객의 마음을 흔들 수 있는 콘텐츠가 담보가 되어야 하는 것은 당연하다.

CHAPTER 05

소비자의
잠재의식에 파고들어라

'서양 문화를 이해하기 위해서는 《그리스 로마 신화》와 《로마사》를 읽어라.'라는 말이 있다. 세계 문화와 역사에 있어서 로마 역사가 차지하는 비중이 매우 크다. 그 로마사에서 중요한 역할을 했던 사람은 아직도 최고 미인의 대명사로 꼽히는 이집트의 여왕 클레오파트라이다.

클레오파트라는 자신의 정치적인 야욕을 위해 로마 장군인 안토니우스를 유혹한다. 이때 클레오파트라는 바닥에 46센티미터 두께로 장미를 깔고 방 안을 온통 장미 향으로 채운다. 그 후부터 안토니우스는 자신의 코끝에 장미 향이 살짝이라도 스치면 클레오파트라가 떠올랐고, 클레오파트라의 마력에 점점 사로잡혔다. 천하의 클레오파트라도 자신의 아름다운 모습만이 아닌 향기를 이용한 연상 작용을 바탕으로 안토니우스의 무의식에 접근해 그를 매혹한 것이다.

현대에도 클레오파트라처럼 향기를 이용한 전략은 흔하게 쓰인다. 대표적인 예가 바로 스타벅스이다. 스타벅스는 향기 마케팅을 극대화하기 위해 문을 열 때마다 외부로 커피 향이 자연스럽게 새나갈 수 있도록 매장을 일직선으로 디자인한다. 화장실에도 커피 향을 없애는 방향제를 놓지 않고, 매장 직원들도 금연을 하게 한다. 또한 직원들의 향수나 화장수 사용을 자제시킨다. 이러한 노력을 통해 은은한 커피 향을 맡으면 스타벅스 커피가 생각나도록 했고, 이러한 전략은 스타벅스를 전 세계 1등 카페 브랜드로 성장시켰다.

향기뿐 아니라 특정한 오감의 자극이 잠재의식으로 들어가 정서적인 반향을 일으키도록 만드는 것을 심리학적 용어로 '엥커링'이라고 한다. 스타벅스의 예처럼 어떤 수단을 사용하여 고객의 잠재의식에 나의 브랜드를 깊숙이 새겨 넣을 수 있다면 그 브랜드는 이미 성공의 궤도에 올라간 것이다.

비가 내리거나 날이 맑을 때, 어떠한 노래가 귓가에 들릴 때, 어떠한 지역에 갔을 때 특정 브랜드가 생각나는 것들은 이런 자극들이 그 브랜드들과 연결된 것이다. 즉 특정 자극이 해당 브랜드와 엥커링이 되어 있는데, 이런 현상을 나는 브랜드 엥커링이라는 단어로 설명한다.

브랜드를 만드는 브랜드 마케터들은 최대한의 효과를 내기 위해 사람의 마음에 들어가는 여러 가지 방법을 사용한다. 마케터를 '사람 마음의 마법사'라고 부르는 이유도 여기에 있다. 마케팅은 결국 사람의 마음을 다루는 일이다.

소비자의 잠재의식을 파악하여 브랜드를 만들고 의식보다는 더 말랑 말랑한 무의식에 브랜드를 각인시키려는 시도는 여러 가지 마음을 다루는 기술들을 이용하며 발전되고 있다. 이 중에서 대표적으로 마음을 다루는 최면이나 NLP를 이용한 마케팅, 뉴로 마케팅이 주목받고 있다.

사업가인 짐 레프(Jim Leff)는 이렇게 말했다.

"브랜딩은 집단 최면이다."

브랜딩을 잘 표현한 말이다. 나는 소비자의 무의식 세계를 더 잘 알기 위한 필요성을 느꼈고, 최면이나 NLP에 관심을 가지게 되었다. 그래서 미국의 최대 최면학회인 ABH(American Board of Hypnotherapy)의 마스터 과정을 이수하고 정회원으로 활동하고 있다.

최면 상태를 유지하면 의식이 약해지고 말랑말랑해진다. 이것은 외부의 정보가 더 쉽게 사람들의 뇌로 들어가는 상태를 의미하는데, 이를 '트랜스 상태'라고 한다. 이런 최면 상태가 특별한 것은 아니다. 최면 상태는 일반적으로 누구나 겪는 상태인데 고속도로를 장시간 운전하는 동안, 편안한 음악을 듣고 있는 시간, 향긋한 커피를 마시며 봄날의 햇살을 만끽하고 있는 순간, 재미있는 영화에 나도 모르게 빠져들어 있는 상황 등이 모두 최면 상태이다. 최면 상태는 편안하게 몰입되어 있는 상태라고 생각하면 쉽다.

최면에 대한 실험은 여러 가지가 있다. 누군가에게 최면을 유도한 뒤에 전화가 울리면 창문을 열라는 암시를 한다고 해 보자. 그리고 그런 암시가 되어 있다는 사실을 잊은 채 암시에 따라 행동하라고 유도한다. 그러면 그 피최면자는 최면 상태에서 깨어난 후에 암시를 받은 대로 행동할 것이다. 누군가가 왜 그렇게 행동했냐고 물으면 그는 "갑자기 더워서 창문을 열었어요."라고 말하며 자신의 갑작스러운 행동을 합리적으로 설명한다. 하지만 이는 사실이 아니다. 사람들은 자신의 무의식이 시킨 일을 하고, 그 일을 하게 된 이유를 합리화시킨다.

사람의 정신 상태는 크게 네 가지로 구분할 수 있다. 뇌파의 종류로 이름을 지은 것이다.

- 정상적으로 깨어 있는 베타 상태
- 몽상이나 명상을 하거나 편안하게 집중하고 있는 상태로, 창조성이 생기는 알파 상태
- 깊은 최면이나 깊은 명상 상태로, 영감이 일어나는 상태인 세타 상태
- 깊은 수면을 할 때처럼 의식적 각성이 없는 상태인 델타 상태

우리가 눈을 뜬 정상적인 상황의 상태는 베타 상태이다. 공부를 하고 일을 하는 시간에 우리의 뇌는 베타 상태가 되고, 이성적이며 기민한 판단을 한다. 사람들의 정신은 바쁘고 산만하며 이런저런 관심사나 일거리가 머리에서 떠나지 않는다. 이런 경우에는 브랜드가 전달하고자 하는 메시지 전달이 어렵다. 감동을 일으키고 구매를 일으키기 위해서는 사람들을 알파 상태로 이끌어야 한다. 즉 사람들을 우리 브랜드에 집중시키고 감동을 줄 수 있어야 하는 것이다.

잠재의식을 이용한 광고 기법 중에서 대표적인 것이 서블리미널 광고(subliminal advertising)이다. 광고의 자극이 점점 작아지면 그에 대한 뇌의 반응이 일어날까 말까 하는 애매한 한계점에 이르게 된다. 이 점을 자

극점(stimulus threshold)이라고 하는데, 이 한계점 이하의 자극을 사용하는 광고 기법을 서블리미널 광고라고 한다. '사용자가 의식하지 못할 정도의 자극도 심리적인 영향을 미친다.'라는 심리학적 사실을 광고에 이용한 것이다.

1957년, 미국의 조사 전문가인 J. M. 비카리의 발표에 의하면 미국의 한 극장에서 영화 장면 사이사이에 코카콜라와 팝콘 사진을 3,000분의 1초 동안 5초 간격으로 169회 반복적으로 노출한 결과, 코카콜라는 18.1퍼센트, 팝콘은 57.7퍼센트의 판매 증가가 나타났다. 이 광고의 성공 사례는 화제가 되었으나, 사실 여부와는 관계없이 인간의 자유 의지를 저해한다는 인권 문제 때문에 금지되었다.

미국 하버드 대학교의 제럴드 잘트먼(Gerald Zaltman) 교수는 자신의 저서 《소비자의 숨은 심리를 읽어라》에서 이렇게 언급했다.

사람의 사고, 감정, 학습의 95퍼센트가 무의식 상태에서 이루어진다.

구매를 결정하는 것도 소비자의 의식이 아니라 95퍼센트의 무의식이라는 것이다. 사람의 두뇌 활동에서 발견되는 무의식적 반응을 마케팅에 접목한 것이 '뉴로 마케팅'이다. 뉴로 마케팅이란 용어는 뇌 속에서 정보를 전달하는 신경인 뉴런과 마케팅을 결합해서 만들어졌다. 뇌과학과 비즈니스를 접목한 뉴로 마케팅은 《포춘》이 미래를 이끌 10대 신기술로 선정하고, 〈뉴욕타임스〉 등 세계 언론이 그 성과에 주목하는 최신 마케팅 방법이다. 뉴로 마케팅은 소비자 스스로 알지 못했던 무의식적인 반응을 측정함으로써 소비자의 심리를 파악하고 그 결과를 이해하려고 하는 마케팅 방법으로, 다양한 영역에서 적극적으로 사용되고 있다. 자사와 타사의 브랜드에 대해 어떤 다른 반응이 소비자의 뇌에 나타나는지를 분석하면 타사의 브랜드를 왜 습관적으로 구매하는지에 대한 중요한 힌트를 얻을 수 있다.

자, 그렇다면 이제 뉴로 마케팅을 활용한 두 가지 사례를 살펴보자.

국내 화장품 업계를 선도하고 있는 아모레퍼시픽은 색조 화장 시장 진출을 목전에 두고 뉴로 마케팅 방법을 통해 소비자 조사를 실시했다. 소비자들에게 명품의 이미지를 보여 주었을 때의 자기공명 영상 결과와 자사의 브랜드를 보여 주었을 때의 자기공명 영상의 결과는 매우 달랐다. 명품 브랜드는 셀렘을 느끼게 한 반면, 아모레퍼시픽 브랜드는 친근함을 느낀 것이다. 아모레퍼시픽은 이와 같은 분석 결과를 색조 화장품 사업에 적용하기로 하고 무의식 중에 친근함을 어필하는 전략으로 브랜드를 전개해 갔다.

우리나라뿐 아니라 세계적인 일본 모터사이클 브랜드 혼다도 출시될 자사의 오토바이 디자인을 결정할 때 뉴로 마케팅을 이용했다. 오토바이 전면부를 화난 얼굴 같은 이미지로 만들 경우 그 앞면을 본 피실험자의 뇌세포가 강렬하게 활성화된다는 사실을 뇌세포 활성화 실험을 통해 알아냈다. 즉 혼다의 화난 얼굴 모양의 오토바이 전면 디자인을 보면 그렇지 않은 경우보다 사람들에게 강렬하게 인식되어 길에서 오토바이가 사람에게 접근할 때 그것을 본 사람이 그것이 위험하다는 사실을 더 빠르게 인지할 수 있다는 것이다. 그 결과, 교통사고가 감소될 수 있다는 사실을 알아냈다. 혼다는 이런 뉴로 마케팅을 이용하여 교통사고 발생을 줄일 수 있는 ASV-3 모델을 출시했고, 성공적으로 시장에 진입하였다.

제품 기획과 브랜드 전략, 광고와 매장 진열까지 소비자의 두뇌가 고민할 만한 길목마다 뉴로 마케팅을 기초로 한 섬세한 터치가 필요하다. '인간의 뇌는 신경학적으로 시계 방향 움직임을 선호하기 때문에 매장 입구에 들어선 사람들은 대부분 먼저 오른쪽으로 발길을 돌린다.'라든지 '마트의 주 고객인 엄마들의 뇌에 육아 호르몬이 증가하여 장갑을 낀 직원이 살균 소독한 카트를 건네주는 매장을 선호한다.'라는 것처럼 설문조사와 관찰만으로 알기 어려운 정보를 섬세하게 알아낼 수 있다.

하지만 꼭 fMRI 같은 대형 의료 장비를 활용해야 뉴로 마케팅을 할 수 있는 것은 아니다. 우리 두뇌가 정보를 받아들이는 과정의 패턴과 특성들에 관심을 가지고 이해하며 그 원리를 바탕으로 마케팅을 진행한다면 이 또한 뉴로 마케팅이라고 할 수 있다. 결국은 어떤 툴을 사용하느냐가 중요한 것이 아니라 어떠한 인사이트를 얻고 그 인사이트를 통해 브랜드에 어떤 변화를 줄 수 있느냐가 성공의 열쇠이다.

CHAPTER 06

한정판으로
가슴을 뛰게 하라

직장인 J양은 같은 브랜드 안에서라도 다른 모델을 찾아 자신은 남과 다르다는 것을 표현하고 싶다며 이렇게 말했다.

"얼마 전에 제가 L브랜드 가방을 들고 지하철을 탔는데 똑같은 모델을 멘 사람들이 제가 탄 칸에만 4명이나 있더라고요. 제가 L브랜드를 좋아하긴 하지만 이건 좀 아닌 것 같았어요. 그래서 요즘에는 같은 브랜드에서 특이한 모델을 고르려고 노력해요."

브랜드가 이런 소비자의 욕구를 충족시켜 줄 수 있는 가장 좋은 방법은 고객에게 한정판을 제공하는 것이다. 한정판은 소비자의 불안감, 소유욕, 과시욕 등의 복합적인 감정을 강렬하게 자극한다. 일단 한정판에 대한 복잡한 감정이 느껴지면 고객들은 그 제품을 갖기 전에 쉽사리 그 감정을 해소할 수 없다. 그렇기 때문에 한정판 전략은 언제나 시장에서 강력하게 사용된다. 한정판 전략을 가장 능수능란하게 사용하는 곳이 바로 명품 브랜드들이다. 샤넬, 까르띠에, 불가리 등은 한정판으로 소비자의 가슴을 뛰게 한다.

프랑스에서 방영된 6부작 TV 시리즈인 〈명품의 가면을 벗기다〉의 '까르띠에' 편에서 홍콩의 성공한 비즈니스 여성을 인터뷰했다. 이 방송을 통해 한정판이 사람들에게 강력한 영향을 미친다는 것을 알 수 있었다.

홍콩 경마대회에서 우승한 말을 소유할 정도로 부유한 홍콩의 이 여성은 자신을 까르띠에의 열성 팬이라고 밝혔다. 홍콩 까르띠에 매장에 신상품이 도착하면 매장 직원은 그녀에게 전화를 걸어 이렇게 말한다.

"고객님, 방금 신상품이 도착했습니다. 매장에 들러 주시겠어요?"

그러면 그녀는 어김없이 며칠 내로 까르띠에 매장을 찾는다. 그러고는 아무 망설임 없이 여러 신상품 중에서도 한정판을 곧바로 구매한다. 왜 한정판을 구매하냐는 질문에 그녀는 이렇게 대답했다.

"저는 까르띠에 제품 중에서도 한정판 에디션을 사랑합니다. 이 세상에서 저만 소유한 것이기 때문이죠. 한정판을 사고 나면 마치 세상에서 딱 한 마리밖에 없는 말을 소유한 것 같은 짜릿함이 느껴져요."

이처럼 한정판은 명품 브랜드의 강력한 판매 전략이다. 명품들은 한정판 전략을 적절하고 효율적인 선에서 구사하여 매출을 늘리고 고객에게 만족감을 제공하며 고객을 추종자로 만든다. 하지만 한정판 전략은 명품 브랜드에서만 쓸 수 있는 것이 아니다.

패스트 패션으로 성공한 스페인의 스파 브랜드 '자라'는 여성의 구매욕을 자극하기 위해 한정판 전략을 사용한다. 패스트 패션 산업에서도 성공의 열쇠는 어떻게 여성의 감정을 쥐락펴락할 수 있느냐에 달려 있기 때문이다. 자라는 최신 트렌드를 반영하여 2주 단위로 신제품을 출시하는데, 연간 출시되는 제품 수가 1만 점이 넘는다. 그리고 이를 위해 디자인되고 테스트되는 제품은 3만 점이 넘는다.

또한 자라는 다품목 소량 생산 방식을 채택했다. 그렇기 때문에 한 가지 아이템을 세 가지 색상과 세 가지 사이즈로만 생산하며 해당 아이템이 품절되면 절대 재생산을 하지 않는다. 그래서 자라의 고객들은 2주일에 한 번씩 매장에 가지 않으면 안 될 것 같은 압박감을 느낀다. 이번 주에 나온 신상품 중에 마음에 드는 것이 있는데 당장 구매하지 않으면 품절될지도 모른다는 불안감을 느낀다.

나는 이런 불안한 감정을 '한정판 감정' 그리고 이 때문에 나타나는 효과를 '한정판 효과'라고 부른다. 한정판 효과 때문에 고객들은 자라 매장에 지속적으로 방문할 내부의 동기가 생기고 제품이 어느 정도 마음에 들면 구입하게 된다. 한정으로 생산되는 상품의 희소가치가 고객들을 불안하게 하는 '한정판 효과'는 자라가 성공한 주요 전략 중 하나로 평가받고 있다.

국내의 한 가방 업체는 여름 시즌마다 선글라스를 만들어 판매한다. 원래는 가방 업체이지만 그 가방의 아이덴티티를 선글라스에 불어넣어 만들기 때문에 이 브랜드를 좋아하는 마니아들은 선글라스를 가방과 함께 착용해야 할 세트 상품으로 인식한다. 재미있는 것은 이 선글라스는 실물이 없다는 사실이다. 이 회사는 선글라스를 일정 수량 먼저 생산하는 것이 아니라 이번 시즌에 나올 선글라스의 디자인을 자사의 웹사이트에 올린 후에 고객들로부터 예약을 받고 그 수량만큼만 생산한다. 일 년에 딱 한 번만 구입할 수 있는 선글라스에 많은 사람이 돈을 먼저 입금하면서까지 서둘러 예약을 한다.

이외에도 한정판 전략은 다양하다. 사람들이 줄을 서서 먹는 맛집에서도 한정판 전략을 이용한다. 예를 들면 해물 짬뽕만을 판매하는 한 중국 음식점에서는 하루에 300그릇의 짬뽕만을 판매한다. 이는 신선한 재료와 균일화된 맛을 보장한다는 주인의 의지를 보여 주는 것일 수도 있다. 그러나 이 역시 한정판 전략이다. 소비자들은 300그릇의 짬뽕이 한정판이란 생각을 하게 되고 이것은 소비자의 구매욕에 불을 지핀다.

한정판 전략을 잘 이용한 또 다른 먹거리 예를 살펴보자. 이번에는 케이크이다. 일본에서 온 몽슈슈의 도지마롤은 생크림 롤케이크만을 판매하는데, 하루에 판매하는 수량과 시간을 한정해 소비자의 욕망을 자극한다. 따라서 롤케이크 하나를 사기 위해 많은 사람이 줄을 서는 진풍경을 만든다. 이 롤케이크 브랜드는 한 사람에 4개 이상을 구입하지 못하도록 하기 때문에 더 많은 개수를 사려면 함께 온 일행도 줄을 세워야 하는 수고를 감수해야 한다. 이런 불편함에도 불구하고 롤케이크는 날개 돋친 듯이 판매된다. 인간의 욕망을 자극하려면 브랜드의 가치를 높이기 위해 공급을 제한해야 한다는 진리를 다시 한 번 일깨워 준다.

한정판 전략은 크게 두 가지 방식이 있다. 하나는 제품 수량을 한정하는 방법이고, 다른 하나는 제품을 살 수 있는 기간을 한정하는 방식이다. 위의 해물 짬뽕은 제품의 수량을 한정하는 방식이고, 선글라스는 제품의 구매 시기를 한정하는 방식이다. 그리고 마지막으로 소개된 롤케이크는 두 가지 한정판 방법을 동시에 사용한 것이다.

　제품의 수명 주기는 점점 짧아지고 있고 제품이 생산되어지면 구매를 해 줄 고객군의 변화도 점점 심해지고 있다. 이런 경우라면 아예 한정판만을 만들면 어떨까? 한정판을 브랜드의 일시적인 하나의 전략으로 이용하는 것이 아니라 아예 한정판만 선보이는 브랜드를 만드는 것이다. 한정판 전략만으로도 재미있는 시도를 해 볼 수 있다. 한정판으로 고객의 가슴을 뛰게 하고 고객을 추종자로 만들려는 시도는 꽤 해 볼 만하다.

CHAPTER 07

새로운 플랫폼에서 기회를 찾아라

한국인터넷진흥원의 모바일 인터넷 이용 실태 조사에 따르면 2013년에 우리나라 국민이 스마트폰 등 모바일 기기를 통해 인터넷에 접속한 시간은 하루 평균 1시간 34분이라고 한다. 아직까지는 모바일을 통한 업무 활동이 많은 편이 아니기 때문에 대부분의 시간은 업무 외에 자신의 욕구를 충족시키는 어떠한 활동을 한 것이라고 볼 수 있다. 기회는 바로 여기에 있다.

언제부터인가 기업들은 전통적인 방식으로는 더 이상 소비자의 구매를 이끌기는커녕 관심조차 끌지 못한다는 것을 깨달았다. 소비자는 새로운 기술의 도입과 발전에 발맞추어 능동적으로 정보를 획득하는 적정한 방법을 선택하고 계속 진화시키기 때문이다. 예전에는 효과가 좋았던 광고, 홍보, 마케팅 방법에 대해 때로는 '과연 지금도 유효한 전략인지?'와 같이 냉정한 눈으로 바라볼 필요가 있다. '왜 더 이상 예전 스타일의 홍보와 광고가 통하지 않지?', '왜 예전에 집행했던 광고 채널들의 효과가 떨어지지?' 등과 같은 질문을 수시로 던져야 한다. 혹시 최근 고객들의 정보 소비 트렌드에 맞지 않기 때문인 것은 아닌지, 소비자들의 무언가가 변해 가고 있는 것은 아닌지 등을 항상 체크해야 한다.

최고의 포털 사이트나 검색 엔진으로도 자신이 원하는 정보를 찾기 어려워하는 사람들은 이제 다른 곳들을 기웃거리며 자신에게 필요한 구매 정보들을 습득하고 있다. 새롭게 주목해야 하는 소비자들의 첫 번째 정보 취득 플랫폼은 당연히 소셜 네트워크이다. 소셜 네트워크 서비스를 이용하여 매출을 700퍼센트나 신장시킨 KLM 항공사의 스토리를 살펴보자.

네덜란드의 KLM 항공사는 2010년에 아이슬란드 화산재로 비행이 금지된 이후부터 소셜 미디어를 능동적으로 사용했다. KLM은 매주 3만 개 이상의 메시지를 업로드하고 있으며 100명이 넘는 전담 인력이 소셜 네트워크상에서 모니터링과 응답 업무를 처리한다. 주로 페이스북과 트위터를 이용하는 KLM은 최근 고객이 방문한 목적지를 페이스북상에 공유한 뒤에 페이스북의 친구들이 그 목적지로 여행을 가면 여행 경비를 할인해 주는 프로모션 등 직접적이면서도 다양한 이벤트를 진행한다.

KLM의 소셜 미디어 기술 책임자인 닉 보터는 이렇게 말했다.

"소셜 미디어가 우리의 전통적인 마케팅 채널보다 훨씬 낫다. 캠페인을 벌이면 그렇지 않은 평범한 날보다 매출이 700퍼센트 높아진다. 우리는 소셜 미디어를 고객과의 단순한 소통 채널로만 사용하는 것이 아니라 직접적인 매출 신장을 이끌어 내는 데에도 사용한다."

그러고는 기업의 소셜 미디어 사용을 적극 권장했다. 하지만 소셜 마케팅 업체 '구글 와일드파이어'의 한국 파트너인 '레드우드 인터렉티브'의 박준석 대표는 대다수의 국내 브랜드와 기업에서 소셜 마케팅이 전략적 마케팅 채널로 자리 잡지 못했다는 조사 결과를 발표했다. 이 조사는 아직 한국에서는 전략적 성공 사례가 부족하다고 지적했다. 하지만 역설적으로 지금부터라도 천천히 잘 준비하는 기업과 브랜드에게는 다양한 기회가 있다는 것을 의미한다.

페이스북을 적극적으로 이용하여 독특한 유행 아이템을 '큐레이션'을 통해 판매하고 있는 몬스토어도 새로운 마케팅 플랫폼인 소셜 미디어를 적절하게 잘 이용했다. 몬스토어는 페이스북을 주요 소통과 마케팅 채널로 삼아 고객들의 관심을 끄는 데 성공했다. 이러한 성공 사례가 국내에서도 속속 나오고 있다.

트위터와 페이스북 다음으로 주목받고 있는 '인스타그램'도 나노 브랜드를 만드는 데 아주 적합한 툴이다. 사진과 동영상 공유만을 전문으로 하는 인스타그램은 2012년, 10억 달러라는 어마어마한 금액으로 페이스북에 인수되었다. 이 사실은 인스타그램이 다른 기타 소셜 미디어와는 다른 가치를 사용자들에게 주고 있다는 것을 의미한다. 페이스북에 인수되었음에도 불구하고 인스타그램은 그들 고유의 서비스와 특징을 그대로 유지한 채 운영하고 있다. 이미 전 세계 사용자 수가 2013년도를 기준으로 월간 1억 5,000만 명을 넘어섰다.

인스타그램은 특히 패션과 뷰티 업계에서는 필수적으로 사용해야 하는 마케팅 플랫폼이다. 많은 트렌드세터 등이 인스타그램을 이용하고 자신들이 사랑하는 패션 제품들을 속속 올린다. 그것도 자기가 사용하고 있는 그런 생생한 사진들을 말이다. 그런 사진들은 SNS 사용자들에 의해 급격하게 공유되어 퍼진다. 그 결과, 그 사진에 있던 제품들이 자연스럽게 주목받게 되어 일부 제품들은 품절 사태를 일으키는 경우도 있다. 상대적으로 짧은 역사의 인스타그램은 다른 SNS 채널들에 비해 국내 회원 수는 상대적으로 적다. 하지만 앞으로 주목해 볼 만한 서비스인 것은 분명해 보인다. 우리나라 고유의 플랫폼에도 관심을 가지는 것이 좋다.

우리나라는 한글이라는 고유의 언어로 인해 독특하면서도 폐쇄적인 특성을 가지고 있다. 또한 사용자들의 빠른 IT 적응력 때문에 한국만의 독자적인 서비스들이 존재한다. 대한민국 대표 모바일 메신저인 카카오톡에서 만든 폐쇄형 SNS 카카오스토리 또한 좋은 마케팅 플랫폼이다. 원래 카카오스토리는 사소한 개인의 일상을 올리고 지인들과 공유하는 목적으로 이용하는 공간이었다. 하지만 이것이 발전해서 기업용 마케팅 도구로 활용할 수 있도록 공유된 카카오스토리플러스가 개발되었고, 실제로 상당히 좋은 성과를 보이고 있다.

카카오톡과 카카오스토리 그리고 카카오스토리플러스를 이용하여 성과를 내고 있는 곳은 BBQ치킨으로 유명한 제너시스이다. 제너시스 BBQ는 그룹의 전 임직원이 카카오스토리 등의 새로운 마케팅 플랫폼을 교육받고 가맹점주들에게 직접 마케팅을 실행하게 한 결과, 시행 매장에서 4개월 만에 전년 대비 매출 20퍼센트 이상의 성장을 달성했다. 또한 기존에 진행했던 치킨을 사 먹는 고객에게 선물을 주는 이벤트를 할 때에는 참여율이 140퍼센트나 증가했다. BBQ에 대한 긍정적인 정보들과 그것에 대한 SNS의 공유가 고객들의 이벤트 참여율 증가를 이끌어 냈다.

브랜드를 만들고 마케팅을 하는 나의 회사도 마케팅 플랫폼 때문에 일찌감치 고민이 많았다. 좋은 나노 브랜드를 만들어 나노 마케팅을 하려면 사용자에게 마케팅 메시지를 정확하게 전달할 수 있는 최적화되어 있는 마케팅 툴이 필요했기 때문이다. 거대 포털들의 주요 수입원인 키워드 광고는 경쟁률과 광고 단가가 너무 높아 광고 효율이 낮다. 또한 특정 사용자에게 정확한 광고를 전달하기 어렵다. 이른바 세밀한 광고 타깃팅이 어려운 것이다. 그런 고민 끝에 아예 우리 회사가 마케팅 플랫폼을 만들자는 생각을 했고, 여러 시행착오를 거쳐 모바일 광고 플랫폼을 만들어 시장에 선보였다. 마음에 드는 툴이 없어 새로운 툴을 만든 것이다.

컴퓨웨어 프로페셔널 서비스(Compuware Professional Services)의 전략 서비스 담당 부사장인 밥 케네디는 이렇게 말했다.

"애플이 아이비콘(iBeacon)을 도입하면서 모바일 마케터들이 쇼핑 경험을 더욱 개인화하고 진화시킬 가능성이 무궁무진해졌다. 소비자들은 백화점으로 들어가서 쇼핑 목록을 일종의 상호작용이 가능한 지도로 전환시켜 관련 아이템과 개인화된 서비스를 받을 수 있게 될 것이다."

그리고 "똑똑한 마케터라면 새로운 기술을 받아들여 매출을 높일 것이다."라고 덧붙였다. 앞으로 새롭고 다양하고 효율이 우수한 마케팅 플랫폼과 기술들이 꾸준히 나올 것이다. 그런 기술 진보의 흐름에 몸을 던져야 한다.

나노 브랜드를 제대로 마케팅하기 위해서는 4T를 고려해야 한다. 여기서 4T란 제품(thing) 고객(target), 시간(time), 방법(tool)을 의미한다. 한정된 고객의 원츠에 꼭 맞는 제품을 준비해야 한다. 그리고 그것을 특정한 시간에, 특정한 방법을 가지고 마케팅해야 한다. 이것이 우리가 만든 나노 브랜드를 세상에 알릴 수 있는 효율적인 방법이다.

지금은 광속으로 감성이 공유되는 시대이다. 인터넷과 스마트폰으로 대표되는 모바일 기기로 인해 정보는 물론 감성까지 더 빨리 퍼지고 공유되고 있다. 사람들이 실제로 교류하는 것은 정보라기보다는 감성이다. 감성을 빠르게 그리고 잘 전달할 수 있는 새로운 마케팅 플랫폼에 항상 관심을 가지고 배우고 실천해 보는 습관을 들이는 것이 무엇보다 중요하다.

CHAPTER 08

빅데이터를
작게 이용하라

바야흐로 빅데이터의 시대이다. 정보 기술이 발달하면서 예전에는 미처 감지하고, 저장하고, 처리하지 못했던 영역들이 데이터로 쌓이기 시작했다. 사람들이 이동하는 경로 자료, 개인이 SNS로 공유하고 수다를 떤 내용, 신용카드를 사용한 빈도와 사용처 등을 포함하는 방대한 데이터를 모을 수 있게 되었다. 이렇게 방대하게 모여진 데이터들을 빅데이터라고 한다. 빅데이터는 데이터 자체로 의미를 지니는 것이 아니라 모여진 데이터를 어떻게 해석하느냐에 따라 쓰임새와 가치가 달라진다.

현재 우리의 일상생활 대부분은 우리가 모르는 사이에 데이터화 되고 있다. 매일매일 쌓이고 있는 데이터의 양은 상상을 초월할 정도로 방대하다. 스마트폰이 대중화되고 무선통신 기술이 발전함에 따라 인터넷 포털 사이트나 페이스북 같은 소셜 네트워크 서비스는 이미 우리 생활에 밀접하게 연결되어 있다. 사람들은 네이버나 다음, 구글 같은 포털 사이트에서 원하는 정보를 검색하고 소비하며, 블로그, 페이스북, 트위터 등을 통해 자신의 생각과 일상을 공유한다. 심지어 내가 이용한 지하철 어플리케이션의 경로 데이터, 모바일 네비게이션을 이용한 위치 정보, 나의 위치 정보와 통화 시간 등 개인의 디지털 흔적들은 데이터화 되어 저장되고 빅데이터 분석에 활용되고 있다.

최근에 미국 CNN이 보도한 〈10년 후 우리가 경험하게 될 미래 자동차 기술 10선〉에서 재미있는 기술들이 언급되었다. 무인 주행 기술과 외부에서 터지는 에어백, 레이저 헤드라이트, 수소 연료 전지 기술과 함께 빅데이터를 이용한 자동차가 주목할 만한 자동차 미래 기술 10선에 꼽혔다. 자동차와 자동차 간의 서로 커뮤니케이션하는 능력과 차량에 탑재된 컴퓨터 프로그램으로 탑승자의 운전 습관이나 선호하는 경로까지 파악이 가능한 빅데이터 자동차는 실제로 독일 자동차 회사인 메르세데스 벤츠가 개발 중이다. 벤츠는 운전자의 스케줄은 물론, 기분과 기호까지 파악할 수 있는 빅데이터를 이용한 컴퓨팅 시스템을 탑재한 차량을 제작하고 있다.

벤츠의 예처럼 많은 글로벌 기업이 빅데이터에 관심을 가지고 있고, 미래를 이끌어 갈 신성장 동력으로 빅데이터를 주목하고 있다. 그렇다면 왜 기업들은 이런 빅데이터에 주목하는 것일까? 빅데이터는 기업이 만들어야 할 제품과 브랜드의 방향을 보여 줄 수 있기 때문이다. 빅데이터는 우리도 인지하지 못하는 우리의 무의식을 보여 준다. 사람들은 자신의 욕망을 언어로 표현하는 것을 꺼린다. 사람이 말로 표현하는 욕망은 실제 욕망의 5퍼센트 정도밖에 되지 않는다고 한다. 그 밖의 욕망은 글이나 표정이나 행동처럼 말과는 다른 언어 수단으로 표현된다. 숨겨져 드러나지 않는 사람들의 욕망과 원츠를 파악하고, 그것을 충족시켜 줌으로써 이익을 얻는 기업들에게 표현되지 않는 고객들의 욕망을 감지하는 것은 기업의 사활이 걸린 일이다. 그리고 이런 욕망의 감지는 개개인 욕망의 지도를 바탕으로 한 나노 제품과 나노 브랜드의 개발을 가능하게 한다.

아직은 우리나라보다 외국에서 빅데이터를 적극적으로 이용하고 있다. 미국의 온라인 쇼핑 업체인 아마존은 최근 빅데이터를 활용한 '예상 배송 시스템'의 특허를 획득하고 본격적인 시행 준비에 나섰다. 사이트를 이용하는 고객의 기존 구매 내역과 사이트 이동 경로, 마우스 커서의 움직임, 머문 시간, 사용자들의 패턴 등을 바탕으로 소비자가 주문 버튼을 누르기도 전에 주문 내용을 예측하여 사용자가 구매할 법한 물품을 물류 센터로 미리 보내 배송 시간을 줄일 수 있는 특허이다. 즉 내가 주문하지도 않은 제품을 시스템이 미리 예상하여 출고를 준비하는 것이다.

세계적인 패스트 패션의 리더인 자라도 빅데이터 분석에 바탕을 둔 물류 시스템을 이용하고 있다. 자라는 앞서 다룬 바와 같이 소량 다제품 생산을 성장의 축으로 삼아 왔다. 하지만 워낙 소량 제품이기 때문에 각 매장의 필요한 수량을 제때 공급하는 것에 어려움을 겪었다. 자라는 이를 해결하기 위해 미국 매사추세츠공과대학교(MIT) 데이터 과학자와 함께 연구를 진행했다. 각 매장에서 어떤 제품이 잘 팔리는지 매장의 데이터를 실시간으로 분석하여 소비자의 니즈에 상응하는 제품들을 적시에 공급했다. 최대 매출을 달성할 수 있는 재고 최적 유통 시스템을 빅데이터 기술에 기반을 두어 개발한 것이다.

우리나라도 다르지 않다. 국내 유통과 판매 시장의 한 축으로 성장한 소셜커머스도 회사 내에 연구소를 설립하고 빅데이터 연구에 투자를 하고 있다. 소비자의 구매 패턴이나 정보들은 보다 나은 제품의 공급과 진열에 도움이 되고 결과적으로 매출의 증가를 이끌 수 있기 때문이다. 국내 최대 소셜커머스에서 빅데이터를 연구하고 지금은 데이터경영연구소를 운영하고 있는 문석현 박사는 아래와 같이 빅데이터 연구의 중요성을 강조했다.

"작은 기업도 빅데이터에 관심을 가지고 자꾸 데이터를 들여다보는 연습을 해야 한다. 매일매일 관심을 가지고 보고, 생각하고, 이런 현상이 왜 일어났을까를 궁금해 하다 보면 좋은 인사이트를 얻을 수 있다. 쇼핑몰을 운영하고 있다면 간단한 구매 자료 데이터만 가지고도 영업에 도움이 되는 것을 많이 찾아낼 수 있다. 웹사이트 방문자를 분석할 수 있는 다양한 무료 툴을 이용해 보는 것이 첫 번째 시작이다."

문석현 소장의 말처럼 본격적인 빅데이터를 도입하기 이전에 간단한 것부터 시작해 보자. 익숙해지고 효용이 있다면 차차 그 범위를 다양하고 복잡하게 해 보는 것이 좋다.

우리나라 최대의 중고차 전문 업체인 SK엔카는 홈페이지에 등록되는 매물 데이터를 기반으로 통계를 분석하여 중고차 매매 정보 데이터를 제공한다. 그동안 쌓아 온 중고차 시장의 빅데이터를 분석해서 판매자와 구매자에게 최적의 판매 조건을 파악할 수 있도록 도움을 준다. 또 신세계

백화점에서는 새로운 매장을 오픈할 때 빅데이터 기술을 이용하여 상권을 분석한다.

SK텔레콤의 네비게이션 시스템인 T맵에는 일반 네비게이션과 달리 SK텔레콤 서버에 접속해 고성능 컴퓨터가 계산한 도로의 상황을 4분 단위로 실시간 수집·분석하여 반영하고 있다. 특히 SK텔레콤은 2012년 6월부터 상권을 분석하는 웹사이트와 스마트폰 어플리케이션인 '지오비전'을 개인들에게 무료로 제공하고 있는데, 지오비전은 자사 및 그룹사의 데이터는 물론 타사와 다른 경쟁사의 데이터도 통합하여 특정 지역의 상권을 분석한다. 지오비전이 쓰는 데이터는 2,500만 명의 SK텔레콤 가입자 동선, 3,000만 명의 OK캐시백 회원의 소비 패턴, 현대카드 가맹점들의 결제 내역, 지하철 이용 인구 정보, 통계청 센서스 자료들을 통해 업종별 매출 현황, 경쟁 매장, 잠재 수요 고객, 유동 인구 등의 정보를 지도에서 보여 준다.

최근에 신한카드도 빅데이터 분석을 기반으로 온라인 쇼핑과 여행 서비스를 강화하고 나섰다. 신한카드는 다양한 업종의 온라인 쇼핑몰과 제휴하고 있고 이를 통해 할인과 포인트 적립 서비스를 하고 있는데, 이 서비스에 빅데이터를 적용한 것이다. 특히 신한카드 사용자의 카드 사용 데이터 분석을 통한 고객들의 라이프 스타일 분석을 바탕으로 생활 서비스에 밀접한 상품 등을 론칭하고 있다. 당일치기 무궁화 열차 여행 상품, 어린이날 선운사 탐방, 담양 죽녹원 등의 당일 여행이 빅데이터 분석을 통해 개발되었고, 직영몰을 통해 판매되고 있다. 이는 여행 인구가 노령화되면서 1인당 5만 원 전후 당일치기 국내 여행 수요가 늘고 있는 트렌드를 빅테이터 분석을 통해 찾은 좋은 예이다.

이런 소비자의 이동과 소비 패턴 말고도 요즘 이슈가 되는 것이 소셜 분석이다. 소셜 분석은 사람들이 페이스북, 블로그, 트위터 같은 소셜 미디어를 통해 이야기하고 있는 내용들을 취합하여 분석하는 방법으로, 현재의 이슈와 트렌드 등을 실시간으로 파악할 수 있게 해 준다. 사람들이 써 놓은 글들이 내용 자체가 지닌 콘텐츠로서의 가치를 넘어 의미 있는 데이터로서 가치를 지니는 것이다. 소셜 미디어 분석 툴 혹은 쇼셜 미디어 분석 업체도 적극적으로 이용해 보려는 자세가 필요하다.

이처럼 다양한 분야에서 빅데이터가 주목받고 쓰이고 있지만 사실 가장 강력한 쓰임은 나노 브랜드를 만들 때이다. 대용량의 정보들을 취합한 후에 특정한 관점으로 살펴보면 사용자의 원츠는 있지만 그 원츠를 충분히 채워 줄 만한 제품이나 브랜드가 없는 것이 발견될 수 있다. 즉 초틈새가 보이는 것이다. 이 초틈새를 찾는 데 빅데이터를 이용하면 나노 브랜드를 만들어야 하는 분야, 그 분야에 꼭 들어맞을 법한 제품, 대상 고객을 찾을 수 있다.

빅데이터를 이용해 나노 브랜드를 만들고 이것을 적극적으로 마케팅에 활용하여 큰 성과를 낸 대표적인 예가 유유제약에서 출시한 '베노플러스'이다. 유유제약의 빅데이터 분석 결과, 멍 때문에 고민하는 사람이 많았고, 그중에 여성이 상당수였다. 다이어트를 하는 여성들은 영양 상태가 불균형하여 쉽게 멍이 들었고 여름처럼 노출이 쉬운 계절에는 큰 고민거리였다. 또한 겨울 시즌에는 수험생들이 성형수술을 많이 하기 때문에 성형수술 후에 생기는 멍에 대한 고민이 많았다. 그래서 유유제약은 멍을 치료한다는 개념에서 미용과 관리라는 관점으로 제품의 브랜드 포지셔닝을 변경했다. 그리고 예쁜 여성용 파우치에 담거나 유명 성형외과와 그 주변의 약국에 나노 마케팅을 전개하여 매출 성장률 50퍼센트라는 경이적인 성과를 만들어 냈다.

베노플러스의 예처럼 빅데이터를 적극적으로 이용하면 나노 브랜드의 성공에 도움이 될 것이다. 빅데이터는 자료를 최대한 모으고 그 이용은 궁극적으로 세상의 단 한 사람에게 적용할 수 있어야 의미가 있다. 일단 크게 빅데이터를 수집했다면 그것을 작게 이용하는 것이 바람직하다.

브랜드 매니저는 데이터에 점령당하는 것이 아니라 주도적으로 데이터를 이용할 수 있어야 한다. 브랜드를 만들 때 쓰이는 예산이 어떻게 비즈니스 가치를 증진시키는지를 입증해야 하는 경우에도 빅데이터를 사용할 수도 있다. 2013년 초에 발표된 '테라데이터의 데이터 주도형 마케팅 조사 2013'에 따르면, 71퍼센트의 마케터는 2년 안에 빅데이터 분석을 구축할 계획이라고 밝혔다. 이제 시작이다. 남들보다 좀 더 빠른 움직임이 필요하다.

CHAPTER 09

외부 네트워크를 100퍼센트 활용하라

미국의 기업가인 헨리 포드(Henry Ford)는 이렇게 말했다.

"나 자신이 아닌 사람에게 부탁할 수 있고 더구나 그 사람이 그 일을 더 잘해 줄 수 있다면 스스로 그 일을 할 필요가 없다."

자신이 잘하는 것은 분명 있지만 모든 것을 잘할 수는 없다. 내가 어려워하는 일이 누군가에게는 쉬운 일일 수도 있다. 그런 면에서 나노 브랜드를 형성하는 데 외부 조력자는 필수이다.

개인 혹은 작은 프로젝트 팀에서 브랜드를 형성할 때 들어가는 모든 필요 사항을 채워 줄 수 있는 충분한 자금이나 능력이 없는 것은 당연하다. 그렇기 때문에 외부 네트워크를 활용하여 조력자를 구하고 그 조력자의 도움을 효과적으로 받을 수 있는 것이 매우 중요하다. 여기에 나노 브랜드의 성패가 달려 있다고 해도 과언이 아니다.

프랑스의 대표 명품 브랜드인 샤넬의 수석 디자이너 칼 라거펠트(Karl Lagerfeld)에게도 숨겨진 외부 조력자가 있다. 작고 통통한 몸매를 가진 선한 인상의 마사로(Massaro)는 수공예 구두를 만드는 샤넬의 대표 장인이다. 매 시즌 컬렉션을 앞두고 마사로의 발걸음은 더욱 바빠진다. 샤넬 본사에서 자신의 공방으로 하루에도 몇 번씩 종종걸음으로 오가야 하기 때문이다.

까다로운 칼 라거펠트의 요구에 꼭 맞는 구두를 만드는 일은 수십 년 경력의 마사로에게도 호락호락한 일이 아니다. 칼 라거펠트는 런웨이에 올라가 워킹할 모델의 어깨 높이도 구두를 통해 맞추었다. 그로 인해 마지막 의상이 만들어져 리허설을 하는 과정에서도 구두를 수십 번씩 고쳐야 한다. 또 변화무쌍한 디자이너인 칼 라거펠트는 수시로 무대나 의상의 콘셉트를 변경하기 때문에 그와 일하는 구두 장인은 즉각적인 대응과 완벽한 손놀림이 필요하다. 완벽에 가까운 샤넬의 패션쇼가 만들어지기까지는 마사로의 공로가 크다.

이처럼 브랜드를 만드는 브랜드 매니저들에게도 외부 네트워크와 조력자가 필요하다. 앞서 소개한 바 있는 젠틀몬스터의 브랜드 형성에도 조력자의 기여가 컸다. 디자인, 생산, 물류만으로도 바쁘게 돌아가는 일정에서 연예인들에 대한 협찬과 마케팅까지 모두 신경 쓰기가 어렵다. 젠틀몬스터는 소비자들에게 가장 중요한 핵심 역량인 디자인과 제품의 생산에 집중하고 나머지 부분은 조력자를 이용하기로 결정했다. 기존부터 친분이 있던 패션 광고 대행사 대표와 미팅을 하고 난 후에 길이 보였다. 젠틀몬스터의 철학과 우수한 디자인의 제품을 보고 감동을 받은 광고 대행사 대표는 적극적으로 지원하겠노라고 약속했다. 만약 젠틀몬스터의 철학과 디자인이 광고 대행사 대표의 마음을 움직이지 못하는 그저 그런 것이었다면 어땠을까?

이처럼 네트워크나 조력자, 인맥만 가지고는 브랜드 성공을 담보할 수 없다. 조력자에게 어필할 수 있는 것도 브랜드의 핵심 역량이 갖추어진 다음이다. 조력자들에게 어필해야 그들의 협력을 충분히 이끌어 낼 수 있는 것이다. 조력자들에게도 감동의 요소를 줄 수 있는, 즉 조력자들의 노력이 헛되지 않을 만한 브랜드여야만 조력자 그들도 그들의 역량을 힘껏 쏟아붓기 때문이다.

젠틀몬스터는 디지털 마케팅도 집중적으로 진행했다. 내부에 마케팅 팀이 없을 당시 디지털 마케팅에 특화되어 있던 내가 운영하고 있는 회사 '엠코어컴퍼니'에 도움을 받기로 했다. 엠코어컴퍼니는 소규모 브랜드에 최적화된 디지털 마케팅을 제안했고, 성실하고 세밀하게 진행해 나갔다. 그 결과, 젠틀몬스터는 한국 제일의 아이웨어 브랜드로 성장했다.

마찬가지로 기업에서도 나노 브랜드팀을 만들 때에 각각의 전문가를 모으는 것이 좋다. 만약에 3명을 한 팀으로 꾸리려고 준비하고 있다면, 마케팅이나 브랜드만을 전공한 사람들만으로 구성하는 것이 아니라 각각 다른 분야의 경험자 3명으로 구성하는 것을 추천한다. 한 분야에 틀어박힌 생각이나 한 분야의 네트워크를 이용하는 것보다는 세 분야의 경험과 세 분야의 네트워크가 좀 더 효율적인 나노 브랜드 형성에 도움이 될 것임이 분명하다.

'물이 너무 맑으면 물고기가 없고, 사람을 너무 살피면 친구가 없다.'라는 옛말은 혼자만 독야청청 독불장군처럼 살지 말고 주변과 어울리며 살라는 의미이다. BNH코칭연구소(Balance & Hormony)의 윤자영 소장은 이렇게 말했다.

"한 사람 한 사람의 끈끈한 인연도 소중하지만, 소위 오지랖이 넓은 사람들도 두루두루 사귀어 놓는 것이 중요하다."

자수성가하여 중견 기업을 이끌고 있는 L사장은 사방팔방 아는 사람도 많고, 형님과 아우라고 부르며 따르는 사람도 수백 명에 이르는 마당발이다. 그는 지인들의 집안 대소사와 생일 등을 챙기고 그들과 잦은 만남을 갖느라 바쁜 인생을 살고 있지만 절대 귀찮은 내색을 하지 않는다. 그는 세 번의 사업 위기가 있었지만 지인들의 도움으로 그 위기를 딛고 일어날 수 있었다. 지금은 탄탄하게 자리를 잡은 그는 "자신의 사업에 가장 크게 공헌한 것은 지인들의 도움이었다."라고 고백한다.

사업과 브랜딩에서 외부 네트워크는 매우 중요하다. 특히 제품과 브랜드가 해외로 진출할 때에는 외부 협력자보다 중요한 것이 없다. 현지 마케팅 에이전시, 물류회사, 방송국, 잡지, 신문 같은 미디어와 현지 업계 관계자, 유통회사 등 필요한 인력이 매우 많다. 하지만 처음 해외 진출을 준비하는 나노 브랜드로서 이 모두를 갖추기는 거의 불가능하다. 그러기에 조력자에서도 핵심 인물이 필요한데 그 인물의 의지와 성실성, 정직성이 전체 브랜드의 해외 시장 성공 여부를 좌우한다고 해도 과언이 아니다.

나노 브랜드를 만드는 데 필요한 조력자는 빅데이터를 분석해 주는 빅데이터 분석 회사와 브랜드 컨설팅 회사, IT 솔루션을 제공하는 회사와 온라인 광고를 대행해 주는 회사, 스타들에게 제품을 협찬해 주는 패션 대행사와 버스나 옥외 광고를 대행해 주는 오프라인 광고 대행사 등 매우 다양하다.

조력자들을 유형별로 나누면 비슷한 위치에 있는 동료 집단 네트워크, 특정 산업 종사자 네트워크, 이사회, 투자자, 고객, 학계, 협력 업체 등으로 구분할 수 있다. 이 조력자들은 당신에게 기댈 곳이 되어 주기도 하고, 새로운 관점을 제공해 주기도 한다. 또한 경영 방식의 개선을 이끌어 주기도 하고, 당신의 책임감을 자극해 성공 의욕을 북돋아 주기도 한다. 함께 걸어갈 조력자 없이는 지름길을 돌아가야 한다.

조력자를 만들기 전에는 조력자에게 어떤 도움을 받아야 하는지, 지금 우리 브랜드에 어떤 것이 필요한지, 다음 단계에 필요한 마케팅이 무엇인지 등을 파악해 두어야 효과적으로 일을 요청하고, 도움을 받을 수 있다. 대행사 등의 조력자에게 일을 맡긴다고 해서 모든 것을 맡겨선 안 된다. 언제나 관심을 가지고 배우는 자세로 임해야 한다. 조력자들에 대한 끝없는 관심은 그 자체로 조력자들에게 동기부여가 되기 때문이다.

조력자를 선택할 때 두 가지를 고려하는 것이 좋다. 조력자를 선택할 때 가장 먼저 고려해야 하는 점은 조력자들이 우리가 도움을 받아야 하는 분야에서 실력이 우수하고 열정이 있어야 한다. 실력은 좋지만 우리 브랜드에 열정이 없는 조력자의 힘은 도움이 되지 않는다. 마찬가지로 우리 브랜드를 사랑하고 우리 브랜드에 대해 열정은 충만하지만 실력이 갖추어지지 않은 조력자 또한 우리의 브랜드 마케팅에는 소용이 없다. 그는 그냥 우리 브랜드의 팬인 것이다. 또 한 가지 고려해야 하는 점은 느낌이

맞고 신의가 있는 조력자를 찾아야 한다는 것이다. 즉 코드가 맞는 조력자를 찾아야 한다는 말이다. 업무하는 방식이나 소통하는 방식이 맞아야 업무의 효율이 높아진다. 또 신의가 없는 사람은 브랜드가 커 가는 데 도움이 되기는커녕 나중에 브랜드의 위기를 가져 올 수 있다는 점에서 가장 기피하고 경계해야 한다.

한 브랜드의 마케팅을 총괄하고 있을 때의 일이다. 대표가 뚜렷한 신념을 가지고 있고, 상품의 디자인도 매우 우수했지만 한정적인 자금과 초반 콘셉트의 오류로 인해 창업 후 1년 동안은 거의 매출을 내지 못했다. 창업 다음 해 2월에 이사회가 소집되었고 대표는 이렇게 이야기했다.

"지금 회사에 자금이 이번 달과 다음 달밖에 없습니다. 직원을 내보내든지 급여를 감봉해야 할 것 같습니다."

자금 사정이 좋지 않다는 사실은 알았지만 이 정도일 줄은 몰랐던 나는 "감봉은 직원 사기에도 좋지 않고, 사업을 접어야 한다면 마지막으로 힘차게 다 쏟아 봐야 한다고 생각합니다."라고 주장했다. 다른 마케팅 회사의 대표로 있으며 해당 업체의 마케팅을 담당하였기에 비용을 받지 않고 최대한 쏟을 수 있는 마케팅 역량을 발휘했다. 그 결과, 매출이 급격히 늘었고, 마침 시장에 출시한 한 모델이 좋은 반응을 이끌어 내어 자금이 돌기 시작했다. 그때 외부 조력자였던 내가 이 회사의 대표와 코드가 맞지 않았거나 집행된 비용만 따지고 들었다면 지금 그 브랜드는 세상에 없을 것이다.

외부 네트워크는 회사들 간의 금전적인 이해타산만 가지고 유지될 수 있는 것이 아니다. 서로 신뢰를 바탕으로 만들어지는 것이다. 그렇기 때문에 업무적으로 만난 사이라도 서로의 인간관계를 진실되고 소중하게 생각해야 한다. 진정한 힘은 돈을 주고받는 이해타산에서 나오는 것이 아니라 함께 도우며 성장하겠다는 믿음과 신의에서 비롯되기 때문이다.

외부 네트워크를 이용하되 회사와 브랜드에서는 자신이 가장 잘할 수 있는 핵심 역량에 시간과 노력을 집중하는 것이 빠르게 나노 브랜드를 만들고 성장시킬 수 있는 방법임은 의심할 여지가 없다. 물론 이것에는 의외로 큰 용기와 노력이 필요하다. 조력자를 신뢰하고 이해하며 조력자에게 우리 브랜드를 도와줄 동기를 부여하고 조력자의 노력에 대한 보상도 신경 써야 하기 때문이다. 하지만 이런 노력이 톱니바퀴처럼 물려 돌아가 조력자의 힘을 이끌어 내고 이것이 우리의 나노 브랜드에 보태진다면 분명 성공을 거둘 수 있을 것이다.

CHAPTER 10

심플하고 파워풀한 이름을 지어라

누구나 한 번쯤 들어 보았을 김춘수 시인의 〈꽃〉이라는 시이다.

내가 그의 이름을 불러 주기 전에는
그는 다만
하나의 몸짓에 지나지 않았다.

내가 그의 이름을 불러 주었을 때
그는 나에게로 와서
꽃이 되었다.

내가 그의 이름을 불러 준 것처럼

나의 이 빛깔과 향기에 알맞은

누가 나의 이름을 불러다오.

그에게로 가서 나도

그의 꽃이 되고 싶다.

우리들은 모두

무엇이 되고 싶다.

나는 너에게 너는 나에게

잊혀지지 않는 하나의 의미가 되고 싶다.

　짧은 시이지만 여러 가지 의미로 해석된다. 하지만 이 시에서 가장 주목할 만한 것은 바로 '이름'이다. 상대로 부터 이름이 불릴 때 비로소 의미가 있는 존재가 된다는 점은 나노 브랜드에서도 마찬가지이다.

　마케팅에서 브랜드의 이름은 매우 중요하다. 나노 브랜드 마케팅에서도 마찬가지이다. 브랜드 이름은 고객의 귀에 쏙 박혀 계속 되뇌어져야 하고 이를 통해 고객을 자꾸 유혹해야 하기 때문이다. 그래서 회사와 브랜드들은 이름 짓기에 공을 들이는 것이다.

　브랜드 네이밍이라고 하는 이 작업은 브랜드 네이미스트라는 직업군을 낳을 만큼 중요한 작업으로 여겨진다. 브랜드 이름은 일반적으로 단어의 조합들을 통해 나오기 때문에 요리와 비교된다. 그래서 브랜드 이름을 짓는 과정을 단어를 요리한다 해서 'word cooking'이라고도 부른다. 브랜드명은 사람의 이름과 같다. 한 사람의 이름을 떠올리면 나타나는 연상 그리고 그를 표현할 수 있는 여러 가지 이미지가 이름에 녹아들어 있는 것이다.

그렇다면 어떤 브랜드명이 좋은 것일까? 부르기 좋고, 듣기 편하며, 기억하기 쉽고, 브랜드 아이덴티티와 가치를 담고 있는 이름이 좋은 이름이다. 하지만 이런 브랜드명을 만드는 것은 쉬운 결코 일이 아니다. 나노 브랜드 작명을 할 때 고려해야 할 점을 살펴보자.

첫째, 브랜드 이름은 기억하기 쉬워야 한다.

내가 학창 시절에 가수 김건모가 한창 활동을 하고 있었다. 김건모와 이름이 유사했던 나는 수학 시간이면 선생님께 호명되어 칠판 앞에 나와 수학 문제를 풀어야 하는 곤욕을 치러야 했다.

"김건모 동생, 김준모. 나와서 3번 문제 풀어 봐."

수학 선생님의 머릿속에 김건모라는 이름과 나의 이름이 연상 작용으로 묶여 기억되었고, 우리 반에 수업을 들어올 때면 항상 내 이름이 생각났기 때문이다. 이처럼 유명한 것과 묶이거나 기억하기 쉬우면 브랜드 이름으로서 여러 가지 이점이 있다.

요식업 프랜차이즈인 '스쿨푸드'는 단순하면서 기억하기 쉬운 이름 속에 브랜드의 콘셉트를 그대로 녹여 놓았다. '스쿨푸드'에서 판매하는 음식들은 학교 앞에서 사 먹는 김밥, 떡볶이 등의 분식을 '스쿨푸드'만의 스타일대로 재해석하고 업그레이드하여 고급화를 이루었고 이것이 브랜드명에 잘 담겨 있다.

아모레퍼시픽의 유통 브랜드인 '아리따움' 역시 좋은 브랜드 이름이다. '아리따움'은 순우리말로 '아름다움'이라는 브랜드의 가치를 담고 있을 뿐 아니라 공간이란 뜻의 접미어를 사용하여 '예뻐지는 공간'이라는 의미를 담아 미용 유통 브랜드의 고급화된 이미지를 조화롭게 표현했다.

둘째, '브랜드의 이름이 시대의 흐름에 맞고 세련미가 있는가?'를 생각해야 한다.

'차가운 커피'는 냉커피, 아이스커피, 아이스 아메리카노 등 다양하게 표현되지만 느낌, 이미지가 모두 다르다. 영어를 사용할지, 불어를 사용할지, 순우리말로 사용할지에 따라 느낌과 세련미가 달라진다. 일부러 촌스러움을 나타내어 친근감과 유머를 전달하려는 의도가 아니라면 세련된 브랜드 이름을 만들고 선택하는 편이 안전하다.

셋째, 상표권 등록의 가능 여부를 체크해야 한다.

한 국내 패션 브랜드는 상표권을 준비하지 않았다. 다른 업무들에 바빴던 사업 초기에 미처 상표권 등록까지 챙기지 못했던 것이다. 조금씩 매출이 오르고 사람들에게 알려질 때쯤 어려운 일이 생겼다. 상표 사냥꾼의 표적이 된 것이다. 상표 사냥꾼들은 성장하고 있는 회사들을 유심히 보고 있다가 상표권이 등록되지 않은 회사의 상표를 의도적으로 등록한다. 그 후에 합의금을 요구하거나 상표권을 매각하는 방식으로 이득을 취한다. 적게는 수백만 원, 많게는 수십억 원 이상 손해를 볼 수 있기에 브랜드 개발 초기에 상표권의 등록 가능 여부를 반드시 확인해야 한다. 도메인 주소도 마찬가지이다. 홈페이지 접속 주소인 도메인도 미리 구매해 놓고 사업을 진행하는 것이 좋다. 나중에 원하는 도메인이 없어 낭패를 보는 경우가 절대 없어야 한다.

넷째, 브랜드 이름이 부르기 용이하고, 철자의 혼동이 없어야 한다.

브랜드 이름에 영문, 한글, 숫자가 섞여 있으면 부르기도, 기억하기도 어려우며, 인터넷을 통해 검색하기도 힘들다. 가급적이면 영문이면 영문, 한글이면 한글로 브랜드 이름을 만드는 것이 고객들의 혼동을 줄여 줄 수 있다. 브랜드 이름과 브랜드 홈페이지의 주소도 마찬가지이다. 홈페이지 도메인을 만들 때도 일반적으로는 영문만으로 이루어진 것을 쓰는 것이 좋다. 한글 도메인, 중간에 하이픈(-), 숫자 등을 넣는 것은 좋은 도메인 이름이 아니다.

브랜드의 이름뿐 아니라 사용자들 사이에서 커뮤니케이션을 더 쉽게 해 줄 수 있는 별명도 중요하다. 그렇기 때문에 상대적으로 작은 규모의 나노 브랜드는 브랜드의 이름 짓기 이외에 별명 짓기도 고심해야 한다.

"○○○드라마에서 나온 ○○○가방 있잖아. 이번 주에 보러 갈래?"

사람들 사이에서 흔히 들을 수 있는 대화이다. 요즘 꼭 하나는 소유해야 할 '잇 백(it bag)'의 시대가 저물고 있다. 이는 최근 몇 년 새 수차례 언론 보도와 조사를 통해 증명되었다. 매일매일 새로운 가방이 시장에 쏟아져 나오고 소비자 각자의 개성이 뚜렷해져 어느 하나가 유행을 독점하지 못하기 때문이다. 하지만 이런 변화에도 불구하고, 특정 브랜드에서 나온 어떤 가방은 여전히 인구에 회자되며 시장에서 좋은 반응을 얻고 있다. 브랜드의 별명이 사람들에게 어필하기 때문이다.

최근 각광받는 브랜드와 브랜드 별명 작명법은 연예인 이름을 활용하는 것이다. TV나 드라마를 통해 브랜드의 이미지를 받는 사람이 많기 때문이다. 이들은 인터넷을 통해 바람몰이를 하는 경우가 상당수이다. 처음에 탄생할 때 붙여진 브랜드나 모델명이 있더라도 일단 어떤 연예인과 함께 연결되었느냐가 중요하다. PPL이나 협찬을 통해 무수히 노출되더라도 누구 덕분에 시장에서 이슈가 되었느냐가 기준이다. 보통 브랜드들은 다수의 연예인에 의해 쓰이고 대중들에게 노출되는데, 이럴 때 하나의 제품이 여러 연예인의 이름과 함께 불리며 회자될 수도 있다. 사정이 이렇다 보니 연예인에게 협찬만 하는 소극적인 마케팅에서 아예 특정 연예인을 모델로 섭외하고 디자인에 참여시키는 방식으로 적극적인 마케팅을 하는 경우도 있다.

국내 브랜드에서만 이렇게 연예인의 이름을 이용하는 것은 아니다. 해외 유명 브랜드 가방도 지명도 있는 인물 이름을 적극적으로 이용한다. 이탈리아 브랜드 토즈는 고(故) 다이애나 영국 왕세자비가 들었던 가방에 그녀의 이름 첫 글자인 'D'를 따서 '디백'이라 명명했다. 프랑스 브랜드 에르메스의 대표 가방으로 여겨지는 '버킨'이나 '켈리'도 유명인의 이름에서 유래한 예이다. 버킨은 가수 제인 버킨, 켈리는 배우 그레이스 켈리로부터 나온 제품명이다. 이처럼 연예인의 이름을 이용한 브랜드 작명은 연예인의 명성과 이미지를 단번에 차용할 수 있다는 점에서 세상에 없던 새로운 브랜드 이름을 만드는 것보다는 손쉬운 작명법이다.

하지만 유명인의 이름이 제품에 들어 있는 것을 소비자는 어떻게 받아들일까. 해외 유명 브랜드 가방보다는 합리적인 가격의 한국 브랜드 가방을 주로 구매하는 직장인 S씨는 이렇게 말했다.

"사실 한 매장에만 들어서도 수십 가지 종류의 가방이 있는데 아무래도 연예인 이름으로 불리며 귀에 익은 것을 찾게 돼요. 디자인도 왠지 익숙한 것처럼 느껴지고 그중에서 고르기 편해요."

반면 명품 제품을 즐겨 구매한다고 자신을 소개한 M씨는 "제품 이름이 뭐든 상관없어요. 내가 좋아하는 브랜드에서 원하는 모양이나 색상, 재질의 제품이 나오면 이름과 상관없이 구매하는 편이에요."라고 말했다. 이처럼 상반된 의견이 모두 존재한다.

유명 배우의 이름을 빌려 제품을 출시한 한 브랜드 관계자는 이렇게 말했다.

"얼마 전까지는 연예인의 라이프 스타일을 반영하고 스토리를 만들어 브랜드 이름을 붙였어요. 단지 유명인이라 이름을 따왔던 것은 아니었죠. 하지만 요즘은 단순히 연예인 이름만으로 장사하는 것이 대부분이에요. 그렇기 때문에 점점 연예인 이름의 브랜드가 희석되는 것 같아요."

이처럼 단순히 연예인 이름을 차용만 해서는 큰 효과는 기대하기 어렵다. 고객은 점점 똑똑해진다는 것을 잊지 말자. 브랜드의 이름과 별명을 지을 때도 좀 더 고민을 기울여야 하겠다.

고객이 가장 처음 접하게 되는 것은 바로 브랜드명이다. 그렇기 때문에 고객에게 강한 인상을 남기기 위해서는 많은 고민이 필요하다. 이 고민은 나노 브랜드에서는 더욱 중요하다. 상대적으로 마케팅비와 인력이 부족하기 때문에 이름에서부터 유리한 고지를 점령해야 하기 때문이다. 쉽고 기억하기만 쉬운 브랜드 이름은 조금 모자란다. 일반적이고 평범한 브랜드 이름은 소비자의 마음 깊숙한 곳까지 들어가지 못해 결국 선택받지 못한다. 그렇기 때문에 기업의 개성과 철학을 녹아 내면서 위에 소개된 여러 가지 주의할 점을 고려한 브랜드 네이밍이 필요하다. 브랜드 네이밍은 첫 단추 끼우기이다. 한 아이의 이름을 지어 주는 마음으로 고민에 고민을 더해 보자.

오래 기억하게 하고 싶다면 4T를 기억하라

인간의 기억과 인지 용량은 유한하다. 그뿐만이 아니라 사실은 인간은 기억하고 생각하기를 본능적으로 귀찮아한다. 그러기 때문에 지속적으로 새로운 자극을 주지 못하는 브랜드는 기억 속에서 망각되어 지워지고 소비자들에게는 선택받을 기회도 없어진다.

나의 브랜드를 원할 법한 고객들에게 가장 자주 접하게 할 수 있는 브랜드만이 시장에서 선택되어 존속될 수 있다. 나노 브랜드 성공의 관건은 결국 차별화이지만 이런 차별화만이 브랜드의 성공을 담보하는 것은 아니다.

나노 브랜드를 제대로 마케팅하기 위해서는 4T를 반드시 기억하라. 여기서 4T란 제품(thing), 고객(target), 시간(time), 방법(tool)을 의미한다. 한정된 고개의 원츠에 꼭 맞는 제품을 준비해야 한다. 그리고 그것을 특정한 시간에 특정한 방법을 가지고 마케팅해야 한다. 이것이 우리가 만든 나노 브랜드를 세상에 알릴 수 있는 효율적인 방법이다.

작지만 강한 나노브랜드

PART 4

관점이 바뀌면 답이 보인다

시장이 저절로 열리는 나노 브랜드를 만들어라
나노 브랜드는 작지만 강하다
고정관념을 깨야 기회가 보인다
100개의 큐피드 화살을 준비하라
성장통이 없으면 성장하지 못한다
퍼스널 브랜드도 나노 브랜딩하라
승리하려면 게임의 판을 작게 짜라
NB(나노 브랜드)=(P+S+V+T)/C
나노 브랜드에서 위대한 브랜드로
타이밍은 없다. 당장 시작하라

CHAPTER 01

시장이 저절로 열리는 나노 브랜드를 만들어라

H사장은 화장품 판매업으로 큰돈은 벌었지만 본사의 일방적인 정책과 규제로 운신의 폭이 좁다고 한탄했다. 나는 그에게 이렇게 조언했다.

"브랜드 없이 남의 물건을 판매하는 것만으로 돈을 버는 것은 상당히 위험합니다. 그런 시대는 이미 지나갔습니다. 지금의 매출과 순이익에 안주하지 말고 사장님 회사 자체 브랜드를 만드는 것부터 시작하세요. 사장님의 의지와 몇 명의 직원만 있으면 충분히 승산이 있습니다. 사장님은 이 분야에 경험도 많으시고 회사 내 자금도 충분하니 다른 사람들보다 좀 더 빠르고 편하게 가실 수 있을 것입니다."

이처럼 브랜드 없이 돈을 버는 것은 사업이 아니라 장사이다. 자신만의 브랜드가 있어야 비로소 사업다운 사업을 하는 것이다.

사람들의 욕망은 점점 광범위해지고 디테일해지고 있다. 그런 욕망에 맞춰 사람들의 원츠를 충족하는 것이 바로 나노 브랜드이다. 나노 브랜드가 생길 수밖에 없었던 원인을 좀 더 깊이 생각해 보자. 브랜드의 탄생과 발전은 빅뱅 이론과 비슷하다. 그래서 나는 이것을 '브랜드 빅뱅 이론'이라 설명한다. 물리학에서의 빅뱅 이론은 우주의 탄생을 설명하는 이론이다. 태초에 빅뱅이 있어 이 세상의 모든 것이 생겼다는 이론이다.

브랜드도 마찬가지로 이해할 수 있다. 처음에 우리의 욕구가 생기고, 결국 압축되어 있던 욕구가 터져 나오게 된다. 그 욕구를 충족해 주기 위한 제품과 서비스가 시장에 나오면 이것이 일련의 이미지로 자리 잡히면서 고객들에게 브랜드로 인식되기 시작한다.

하지만 초기에 한 곳에 응축되어 있던 욕구는 점차 개인적이고 다양한 욕구로 변질 혹은 발전되며, 집단적으로는 집단의 다양성에 의해 원래의 욕구가 있었던 중심에서 점점 멀어져 간다. 즉 욕구의 빅뱅 이후 욕구가 중심에서 멀어져 다른 욕구로 분화해 퍼져 나간다. 그로 인해 욕구의 빅뱅으로 인해 생긴 세부적인 욕망을 채우기 위한 상품과 서비스가 나오게 되는데, 이들 상품과 서비스가 갖게 되는 인식이 브랜드이며 브랜드도 욕망의 확장과 마찬가지로 끊임없는 확장성을 가진다.

이렇게 총 질량은 같은데 끊임없이 나누어지면서 다양하고 디테일한 욕망들을 충족시켜 주는 브랜드를 나노 브랜드라고 정의할 수 있다. 브랜드는 무겁고 압축된 브랜드(대형 브랜드)에서 가볍고 광대한 브랜드(나노 브랜드)로 지속적으로 쪼개진다고 이해하면 된다.

새로운 빅뱅을 만들면 새로운 우주가 생긴다. 마찬가지로 새로운 욕망

(수요)을 만들면 시장은 항상 생기게 마련이다. 새로운 욕망은 모든 사람을 만족시키는 제품이나 서비스에서 나오기 어렵다. 사실 애초에 모든 사람을 만족시키는 제품이나 서비스는 없다고 보아야 한다. 한정적인 시간과 자본을 가지고 새로운 수요를 일으키기 위해서는 사람들과 세상을 관찰하고 그것을 바탕으로 하여 수요를 이끌어 내야 한다. 그리고 데이터를 맹목적으로 따르는 것이 아니라 데이터를 참고해야 한다.

시장이라는 우주는 매일 새롭다. 계속해서 새로운 우주가 열린다. '새로운 수요는 항상 매력적인 제품에 의해 일어난다.'라는 말은 매력적인 제품을 만들 수 있다면 나만의 새로운 시장을 만들 수 있다는 것을 의미한다. 그렇다면 매력은 무엇일까?

에이드리언 슬라이워츠키(Adrian Slywotzky)는 자신의 저서 《디맨드》에서 매력을 아래와 같은 방정식으로 정리했다.

매력=기능성*감성적 어필(M=F*E)

즉 기능성의 바탕에 감성적인 터치가 있어야 매력적인 상품과 브랜드가 될 수 있다. 당연히 기능성이 없거나(기능성=0) 감성적 어필이 없는 경우(감성적 어필=0)에는 매력도 함께 없어져 버린다는 말이다. 나만의 우주를 여는 데 매력이 충만한 나노 브랜드보다 더 좋은 열쇠는 없다.

나노 브랜드는 사람의 생각하는 고통을 경감시켜 준다. 현대인의 바쁘고 복잡한 머리는 생각하는 것이 곧 고통이다. 그저 그런 상품과 서비스 중에서 가격만을 비교해서 구매하는 행위는 즐거움보다는 노동에 가깝다. 내가 찾고 있던 바로 그 제품이라는 생각이 들 때의 쾌감을 선사할 수 있어야 한다. 그 쾌감을 한 번 맛본 사람들은 다시 고통 속으로 몸을 던질 자신감을 잃어버린다.

2,500년 전, 공자는 "아는 자는 좋아하는 자를 이기지 못하고, 좋아하는 자는 즐기는 자를 이기지 못한다."라고 말했다. 이 말은 브랜드와 브랜드 마케팅에도 그대로 적용된다. 알게 하는 브랜드는 좋아하게 하는 브랜드를 이기지 못하고, 좋아하게 하는 브랜드는 즐기게 하는 브랜드를 이기지 못한다. 우리 회사의 나노 브랜드를 사람들에게 즐기게 하는 것이야말로 나노 브랜드의 마지막 단계이다.

나노 브랜드를 만들고 관리하는 사람들은 정말로 훌륭해야 한다. 그 누구보다 브랜드를 잘 이해하고 조직 전체를 이끌어야 한다. 그 사람은 대표일 수도 있고, 어제 입사한 인턴사원일 수도 있다. 고객과 소통하는 브랜드 블로그나 페이스북 페이지는 반드시 이런 사람들이 책임을 지고 맡는 것이 좋다. MOT에 브랜드의 모든 것이 달려 있기 때문이다.

'영국의 스티브 잡스'라고 불리는 다이슨사의 제임스 다이슨(James Dyson) 회장은 "최고의 비즈니스는 멋진 제품을 높은 가격에 많이 팔아 큰 이윤을 남기는 것이다. 그러기 위해서는 현존하는 제품보다 성능이 좋고 멋진 제품을 만들어야 한다."라고 강조했다.

하지만 더 이상 제품의 우수성만으로는 승부할 수 없다. 제품의 우수성과 효용성은 그야말로 기본이다. 이제는 고객들의 개별적인 욕망을 충족시켜 줄 브랜드, 즉 나노 브랜드로 승부해야 한다.

CHAPTER 02

나노 브랜드는 작지만 강하다

최근에 영화 잡지 《씨네21》에서 '그리고 신은 아일랜드 남자를 캐스팅했다.'라는 글을 통해 리암 니슨(Liam Neeson), 돔놀 글리슨(Domhnall Gleeson), 앤드류 스캇(Andrew Scott) 등 한때는 꺼려졌던 아일랜드 출신 배우들이 영국의 젠틀맨과 미국의 마초맨들 사이에서 새로운 매력을 보여 주고 있다고 전하며, 그들이 고군분투하는 모습과 그들의 성공 비결을 분석했다.

아일랜드 출신의 배우들이 처음부터 할리우드를 비롯한 주류 업계에서 성공적으로 어필한 것은 아니었다. 매끈하고 건강한 이미지의 미국 남자와 신사적인 영국 남자, 그 어디에도 속하지 않았던 아일랜드 남자들은 처음에는 주로 할리우드의 악역을 소화했다. 하지만 그들의 독특한 매력은 할리우드에서 블루칩으로 받아들여지며 통하기 시작했다. 시대가 변하면서 관객들은 미국과 영국의 배우들에 비해 정제되지 않은 아일랜드 배우들의 거친 발음과 모습에 흥미를 느끼게 된 것이다. 이처럼 한때의 단점이 현재의 장점이 될 수 있다.

아일랜드 배우들의 과거 모습은 나노 브랜드의 현재 모습과 묘하게 중첩된다. 나노 브랜드인 작은 브랜드들도 마찬가지의 취급을 받았다. 작은 브랜드들은 드넓은 시장의 일부 소비자들에게만 어필할 수 있고, 그 소비자의 규모는 한정적이기 때문에 브랜드로서 주목받지 못하고, 설사 브랜드로서 주목을 받을지라도 매출이 적어 기업에서 관심을 두기에 효용이 떨어진다고 생각되어 왔다.

하지만 이제는 달라졌다. 나노 브랜드에 대한 시각과 접근하는 방식을 이해해야 한다. 칼날을 아주 예리하게 갈아야 채소를 자를 수 있는 법이고, 송곳의 끝이 뾰족해야 가죽을 뚫을 수 있는 법이다. 강렬하면서 명확하고 송곳의 끝 같은 나노 브랜드만이 이 세상에서 살아남을 수 있다.

남보다 더 조그마한 고객군에 집중하여 연구하고, 그 고객들이 원하는 제품에 진정성 있는 메시지를 더해야 고객들의 눈길과 구매를 모두 사로잡을 수 있다. 세상에 품질과 디자인이 좋은 제품은 매우 많다.

나노 브랜드가 고객에게 전달하려는 메시지 또한 압축되고 명확해야 한다. 무엇보다 고객이 기억해야 하는 노력을 최소화시키려는 몸부림이 필요하다. 이는 기본의 브랜드들이 만들어 놓은 마케팅 메시지를 분석하고 그것에서 공통점을 찾고 그것을 나노 고객군에 적용해 보거나 그 메시지들의 틀을 깨 보는 노력에서부터 시작되어야 한다. 즉 벤치마킹을 넘어

벤치 브레이킹을 해야 하는 것이다. 벤치마킹은 경쟁 업체의 경영 방식이나 제품을 면밀히 분석하여 경쟁 업체를 따라잡는 것을 의미한다. 하지만 이제는 기존 시장을 선점하고 있는 브랜드나 경쟁 업체의 기득권적인 틀을 깨는 벤치 브레이킹에 대한 노력이 필요하다.

거듭 강조하지만, 큰 범위에서 작은 나노의 범위로 들어가면 큰 범위에 있던 속성과 특징은 없어지거나 매우 달라진다. 때문에 기존의 큰 범위에서 효과적으로 쓰인 메시지 또한 힘을 잃거나 전혀 다른 의미로 변화될 수 있다. 결국 기존의 큰 브랜드가 지닌 모호하고 커다란 메시지는 나노의 세계에서 더 이상 의미가 없게 된다. 이것을 이용해야 한다.

나노 브랜드와 나노 브랜드 마케팅의 가장 큰 특징은 신속성이다. 나노 브랜드를 만드는 팀은 상대적으로 작다. 반드시 작게 팀을 구성하는 것이 좋다. 이것은 단지 비용 절감만을 의도하는 것은 아니다. 비용의 절감보다 절실한 것은 원활한 의사소통에 의한 빠른 결정과 추진력이다. 작은 팀 안에서는 빠르게 의사 결정이 일어나고 신속하게 고객의 수요를 만족하기 위해 노력할 수 있다. 그렇기 때문에 과거와는 상상도 할 수 없는 속도로 급격하게 변화하는 현대 시장에서 최우선의 속성인 '빠르다'는 장점을 가질 수 있다.

빠르다는 것은 강력하다는 의미를 가지고 있기도 하다. 물론 한정된 대상에게만 영향을 미칠 수 있겠지만 적어도 그 대상에게는 강력한 임팩트를 줄 수 있다. 가만히 서 있는 차에 작은 돌을 던지면 작은 흠집밖에 낼 수 없지만, 빨리 달려가는 차에 작은 돌을 던지면 그 돌은 자동차의 유리를 깰 수 있을 만큼의 큰 힘을 발휘한다. 이처럼 나노 브랜드는 '빠름'을 기본 속성으로 가질 수 있고 이것을 통해 고객을 강력하게 끌어당길 수 있다.

카메라 시장은 디지털 카메라의 등장으로 판도가 완전히 바뀌었다. 코닥이 이 시장에 민감하게 대응하지 못하고 사라진 것처럼 여러 변화가 있었다. 찍고 바로 결과물을 확인할 수 있다는 장점과 메모리만 있으면 추가 비용이 없다는 점이 시장을 완전히 변화시켰다.

이런 카메라 시장을 다시 흔들고 있는 변화가 있는데, 그중 대표적인 것이 휴대폰 카메라와 익스트림 디지털 캠코더 카메라이다. 익스트림 디지털 캠코더는 고프로가 시장을 선도하고 있다. 이 회사는 사람들의 변화하는 작은 원츠를 파악하고 신속하게 제품을 내놓았다. SNS가 활성화됨에 따라 사람들은 SNS에 올릴 새로운 형태의 콘텐츠를 만들고 싶어 했다. 스케이트보드를 타는 동영상, 스노보드를 타는 동영상, 스카이다이빙을 하는 동영상 등을 생생하게 공유하고 싶었던 것이다. 하지만 고프로가 나오기 전까지는 이런 영상을 찍을 수 있도록 최적화된 제품이 없었다. 고프로는 그 원츠를 정확하게 본 것이다. 소비자의 원츠를 바탕으로 한 신속한 제품의 개발이 고프로가 익스트림 디지털 캠코더 시장의 선도 브랜드로 자리 잡은 가장 큰 이유이다.

기술의 발달로 인해 아래와 같은 나노 브랜드도 가까운 미래에 등장할 것이다. ○○나노 브랜드는 특정 사용자를 위해 제품을 디자인하고 감성을 입히고 소통한다. 그렇게 사람들에게 알려진 ○○나노 브랜드의 웹사이트에서 고객은 일정한 비용을 지불하고 3D 디자인 파일을 다운로드한다. 그리고 컴퓨터에서 실행한 후에 3D 프린터에 전송한다. 그럼 고객의 컴퓨터에 연결되어 있던 3D 프린터에서 XX나노 브랜드의 디자인 그대로 실제 제품이 찍혀 나온다. 그로 인해 사용자는 재고가 없어 기다려야 하는 수고나 제품을 사러 마트에 가야 하는 번거로움 없이 ○○나노 브랜드의 제품을 소유하고 즉시 사용할 수 있게 된다.

즉 고객의 원츠를 기업이 인지하고 욕망을 정확하게 충족시키는 제품 디자인을 만들고 아무 유통 과정 없이 고객에게 직접 판매하는 것이다. 이런 일이 가까운 미래에는 당연한 일이 될 것이다. 이는 미래의 기업과 브랜드 구조를 크게 흔들 것이다. 왜냐하면 대량 생산이라는 것은 기본적으로 똑같은 물건을 대량 생산하여 유통하기 때문에 근본적으로 한 개인의 정확한 원츠를 파악하고 충족시킬 수 없기 때문이다.

소비자들은 자신에게 꼭 맞는 제품을 디자인만 보고 유통 없이 바로 구매할 수 있는 세상을 기다리고 있다. 그렇기 때문에 나노 브랜드에 대한 이해 없이 이런 미래를 주도하는 것은 불가능하다. 이뿐만이 아니다. 초개인화 시대가 시작된다. 초개인화라는 것은 개인보다 더 작은 부분에 집중한다는 의미이다. 예를 들면 단 한 사람의 머리, 팔, 다리, 몸통 등에 관심을 가지고 집중하면 각 부분에 꼭 맞는 브랜드가 탄생할 수 있다는 이야기이다. 나의 팔에 꼭 맞는 특정 브랜드를 골라 구매하는 날이 곧 올 것이다.

향수도 마찬가지이다. 아직은 개인화된 퍼퓸 시장이 크게 열리지 않았지만 그런 시장이 커지는 날도 머지않았다. 이런 미래에 당황하지 않고 사업을 영위하려면, 나노 브랜드의 필요성 인지와 그 브랜드를 기획할 수 있는 상상력, 나노 브랜드가 세상에 나오게 할 수 있는 실행력과 기술력

등이 뒷받침되어야 한다.

나노 브랜드는 단순히 작기만 한 변방의 브랜드가 아니다. 약하지만 꾸준한 낙숫물이 바위에 구멍을 낸다. 또 잘 도는 팽이를 넘어뜨리려면 팽이의 가운데 부분이 아닌, 팽이의 바깥쪽을 건드려야 한다. 변방에서 작게 시작한 나노 브랜드는 그 꾸준함과 지속성으로 중심을 흔들고 무너뜨려 새로운 시장을 만드는 파워를 갖게 된다는 것을 기억하자.

CHAPTER 03

고정관념을 깨야 기회가 보인다

한국 남성이 프랑스로 이민을 가게 되었다. 그는 한국에서 하던 대로 윗사람에게 깍듯하게 대하며 열심히 일했다. 언어와 업무에 서툴었던 그는 퇴근 시간이 지난 후에도 매일매일 남아 잔무를 처리하며 업무를 성실하게 마무리했다. 그러던 어느 날, 그의 상급자인 프랑스인 팀장이 그를 불러 다그치며 말했다.

"김 대리, 야근이 너무 잦은 거 아닙니까?"

그러자 그는 별일 아니라는 듯 이렇게 대답했다.

"제가 아직 많이 서툴러서 그렇습니다. 그런데 팀장님, 저는 회사에 대한 열정을 보여 주고 있는데 그렇게 말씀하시니 조금 당황스럽네요. 제가 열심히 해서 성과를 내면 결국 팀장님도 좋은 평가를 받게 되는 거 아닙니까?"

하지만 팀장은 그의 예상과 다르게 계속해서 꾸짖으며 이렇게 말했다.

"김 대리, 당신은 지금 우리가 오랫동안 힘들게 만들어 놓은 문화를 망치고 있는 것입니다. 당신을 의식한 누군가의 즐거운 저녁 시간과 주말을 포기하게 하지 마세요."

위의 예처럼 나라마다, 문화마다, 사람마다 관점이 모두 다르다. 한때 SNS에서 화제가 되었던 다른 예를 하나 더 소개하겠다.

김연아 선수는 우리나라 빙상계에 큰 획을 긋고, 2014년 소치 올림픽을 마지막으로 은퇴를 선언했다. 김연아 선수의 마지막 경기의 해설이 큰 화제가 되었는데, 그것은 다름 아닌 한국과 다른 나라 간의 관점의 차이 때문이었다. 한국의 해설자와 외국의 해설자는 똑같이 김연아 선수의 경기를 보면서 이렇게 해설했다.

한국인 해설자 | 저 기술은 가산점을 받게 되어 있어요.
서양인 해설자 | 마치 꽃잎에 사뿐히 내려앉는 나비의 날갯짓이 느껴지네요.

한국인 해설자 | 코너에서 착지 자세가 불안정하면 감점 요인이 됩니다.
서양인 해설자 | 은반 위를 쓰다듬으며 코너로 날아오릅니다. 실크가 하늘거리며 잔 무늬를 경기장에 흩뿌리네요."

한국인 해설자 | 저런 점프는 난이도가 높아요. 경쟁에서 유리합니다.
서양인 해설자 | 제가 잘못 봤나요? 저 점프! 투명한 날개로 날아오릅니다. 천사입

니까? 오늘 그녀는 하늘에서 내려와 이 경기장에서 길을 잃고 서성이고 있습니다. 감사할 따름이네요.

한국인 해설자 | 경기를 완전히 지배했습니다. 금메달이네요! 금메달! 금메달!

서양인 해설자 | 울어도 되나요? 정말 눈물이 나네요. 저는 오늘밤을 기억할 것입니다. 이 경기장에서 김연아의 아름다운 몸짓을 바라본 저는 정말 행운아입니다. 감사합니다. 신이시여!

조금 과장된 감이 있지만 비교된 해설은 한국 사회가 지나치게 점수와 승부에 초점을 맞추고 있다는 자기반성을 하게 된 계기가 되었다. 그리고 국가나 사람마다 관점이 다르고, 관점에 의해 같은 것도 다르게 해석한다는 점을 극명하게 보여 주었다.

극단적인 두 개의 예를 통해 살펴보았지만, 사람들이 처한 상황이나 자라온 환경에 의해 같은 것이라도 다르게 느낄 수 있다. 기업과 브랜드도 마찬가지이다. 똑같은 제품과 똑같은 브랜드일지라도 다른 나라와 다른 문화권에서는 다르게 인식될 수 있다. 자신의 브랜드가 한국에서 실패했다고 해서 다른 나라에서도 실패하리라는 법은 없다는 것이다.

마크 트웨인(Mark Twain)의 소설 《톰 소여의 모험》의 주인공인 톰 소여는 작가 주변에 맴돌던 세 명의 소년을 조합해서 만들어졌다고 알려져 있다. 소설에서 톰 소여는 영특한 아이였다. 그에 관한 아주 인상 깊은 장면이 있다. 악동이자 사고뭉치인 톰은 어느 날 부모님으로부터 넓은 담장을 혼자 페인트로 칠해야 하는 벌을 받는다.

하지만 톰 소여는 담장을 바로 칠한 것이 아니라 이 상황을 어떻게 헤쳐 나갈까 곰곰이 생각했다. 그러고는 담장에 붓질을 한 번 해 보고 뒤로 물러나 물끄러미 바라보고, 또 한 번 붓질을 하고 다시 물끄러미 바라보고 마치 예술을 하는 것처럼 너무 재미있다는 듯 조금씩 칠을 해 나가기 시작했다.

잠시 뒤, 톰 소여가 담장을 칠하는 모습을 본 동네 아이들이 하나둘 모여 들었고 이윽고 페인트칠이 재미있어 보인다며 서로 해 보겠다고 아우성치기 시작했다. 톰 소여는 별로 해야 할 담장의 페인트칠을 친구들에게 돈을 받으며 시키게 되었다. 이런 일은 실제 세상에서 흔히 일어나고 있다. 진정한 승자는 세상이 짜 놓은 기준을 뒤엎고 자신의 기준으로 세상을 돌아가게 만드는 사람이다.

알 리스(Al Ries)의 저서인 《마케팅 불변의 법칙》에 FedEx와 DHL의 마케팅 예가 나온다. 우편 배달 회사인 FedEx와 DHL의 마케팅 문구는 사뭇 달랐다. FedEx의 마케팅 문구는 '밤새 배송되는 우편(Overnight Letter)'이었다. 이 문구를 접한 소비자들의 머릿속에는 자연스럽게 '밤새워 배송하는 우편 배달 회사도 있고, 낮에만 배송하는 우편 배달 회사도 있구나. FedEx는 밤새 배송되어 빠르게 우편을 받아 볼 수 있겠다.'라는 인식이 생겼다.

반면, 후발 주자였던 DHL은 마케팅 문구를 '세계 곳곳으로 배달되는 우편(Worldwide Express)'으로 정하고 이를 소비자들에게 알렸다. DHL은 기존의 '빠른 배송 VS 느린 배송'이라는 축 상에서 1위인 FedEx와 경쟁하기보다 자신만의 새로운 축을 그려 경쟁사가 그려 놓은 룰에서 벗어나 완전히 새로운 게임을 한 것이다.

기존에 소비자들의 머릿속에 형성된 인지적 지도(Cognitive Map)는 후발 주자가 아무리 노력을 해도 좀처럼 쉽게 바뀌지 않는다.《마케팅 불변의 법칙》에서 알 리스가 강조한 것은 한 번 소비자의 머릿속에 형성된 인지적 지도를 후발 주자가 바꿔 놓기란 쉽지 않음을 인정하고 기존에 형성된 판 위에서 1위 자리를 두고 다투지 말고 차라리 새로운 별개의 판을 개척해서 그 축에서 1위를 하는 것이 오히려 쉽고 비용도 적게 든다는 것이다.

DHL은 FedEx가 소비자의 머릿속에 이미 뚜렷하게 그려 놓은 '빠른 배송 VS 느린 배송'이라는 경기장 위에서 놀지 않고 새로운 축 즉 '세계 곳곳 VS 한정된 지역'의 경기장을 만들고 그 위에서 1위를 한 것이다.

아이폰이 노키아를 이길 수 있었던 이유도 관점의 전환을 통해 판을 바꾸었기 때문이다. 아이폰은 통신 사업자와 단말기 제조사가 만들어 둔 틀 안으로 들어가지 않았다. 아이폰은 사람들이 스스로 휴대폰에 넣을 수 있는 소프트웨어를 만들고 쉬운 방법과 적절한 비용으로 사용할 수 있는 판을 만들었다. 아이폰의 우수한 디자인과 함께 사용자들에게 자신의 휴대폰 내의 소프트웨어를 선택할 수 있는 권리를 제공하였고, 이를 제공하지 않는 휴대폰은 자유를 억압하는 나쁜 휴대폰으로 인식시켰다. 새로운 경기장을 만들고 상대방을 초대하여 단숨에 제압해 버린 것이다.

2014년에 미국 경제 전문지《포브스》가 발표한 '2014년 전 세계 억만장자 순위'에서 310억 달러의 재산을 보유하여 전 세계 20위, 아시아 1

위를 달성한 청콩그룹의 리카싱 회장도 관점을 달리하여 큰 부를 이룬 인물이다. 홍콩에서 작은 플라스틱 공장으로 시작한 청콩그룹은 60년 만에 세계적인 기업으로 성장했다.

처음 리카싱 회장의 가족은 매우 가난하여 홍콩 뒷골목을 전전하며 플라스틱 바가지를 팔았지만 그 가난이 그에게 성공의 열망을 불어넣었다. 리카싱 회장은 플라스틱 바가지를 판 돈을 모아 청콩 플라스틱 공장을 세웠다. 하지만 특별한 생산품이 없어 전전긍긍한 그는 플라스틱으로 무엇을 만들 수 있을까 고민하던 끝에 한 영문 잡지에서 '플라스틱 꽃' 사업이 유망할 것이라는 기사를 보게 되었다.

"그래. 꽃은 예쁘지만 값도 비싸고 금방 죽어서 관리하기도 어렵지. 값싸고 오래 볼 수 있는 조화를 만들어 시장에 팔아야겠다."

리카싱 회장은 곧바로 공장에 조화 생산 라인을 깔았다. 실물과 똑같은 조화를 만들 수 있는 기술이 조화 산업의 핵심이라고 판단한 그는 실물과 똑같은 조화를 만들기 위해 최고의 디자이너들을 스카우트했다. 그 결과, 청콩이 만든 조화는 홍콩뿐 아니라 세계 시장으로 수출되었고, 오늘날 청콩그룹의 근간을 만들었다.

리카싱 회장의 예처럼 관점을 다르게 보려는 시도를 꾸준히 해야 한다. 상식에서 벗어나라. 상식만으로 걷는 길은 죽음의 길이다. '상식적이다.'라는 말은 주목받지 못하고 지루하다는 것을 기분 좋게 돌려 말해 주는 것임을 반드시 명심해야 한다.

기존의 비즈니스 모델의 한계를 깨고 성공한 사례도 소개할까 한다. 프랑스에서 자란 중국인 창업자 닝리는 메이드 닷컴을 만들어 온라인 디자인 가구 사업을 시작했다. 메이드 닷컴에서는 세 주체인 디자이너, 중국의 제조사, 소비자를 연결해 준다. 매달 디자인 투표를 진행하여 50~100여 개의 새로운 가구 디자인 중에서 소비자들이 직접 10개의 디자인을 선택하게 한다. 이 과정을 통해 2~3개의 새로운 디자인이 제품화되고, 해당 제품을 디자인한 디자이너는 판매 금액의 5퍼센트를 로열티로 지급받는다.

이뿐만이 아니다. 메이드 닷컴은 콘란 같은 고가 브랜드의 제품을 생산하는 공장들과 계약을 하여 상품의 질을 높였다. 주문에서 배달까지 8~12주가 걸리는 단점이 있지만 상대적으로 저렴한 가격의 가구를 새로운 디자인으로 받아 볼 수 있어 소비자들의 만족도가 높다.

이처럼 기존의 편협한 관점 그리고 세상의 유연하지 못한 고정관념을 깰 때 사업 기회가 보이는 것이다. 경영의 5대 구루로 칭송받는 게리 하멜(Gary Hamel) 교수는 이렇게 말했다.

"기존의 비즈니스 모델을 고집할 것이 아니라 틀을 깨는 사고의 전환을 해야 제대로 된 혁신이라고 할 수 있다."

항상 관점을 다르게 하기 위해 의도적인 노력을 기울여라. 그리고 세상의 상식에서 최대한 멀어져라.

CHAPTER 04

100개의
큐피드 화살을 준비하라

뷰티 제품을 생산하여 판매하는 한 CEO가 이렇게 푸념을 늘어놓았다.

 "요즘 정말 어려워요. 제품을 열심히 만들어도 팔리지가 않아요. 제가 사업을 한 뒤로 최악의 불경기인 것 같아요. 어떻게 하면 제품을 많이 팔 수 있을까요?"

 어디를 가나 "요즘 참 어렵다."라는 말들을 한다. 경기도 어렵고 소비도 줄어들고 상품을 파는 사람이나 사는 사람이나 어렵기는 마찬가지이다. 매년 수조 원씩 이익을 내며 수천억 원의 유보금을 쌓아 두고 있는 대기업들도 국내외의 가라앉은 경기와 범세계적인 치열한 경쟁 속에서 한 치 앞을 예상하기 어려울 만큼 살얼음판 위를 걷고 있다. 안타깝게도 이런 현상은 가속화될 것임이 분명하다. 내 기억으로 우리나라에는 호황기가 없었다. 대학교 1학년 때 IMF가 일어난 이후 항상 어려웠다. 그 당시 뉴스는 늘 살기 어렵다고 전하며 물가는 오르고, 체감 경기는 바닥을 기고 있다고 보도했다. 하지만 이런 뉴스는 20년 가까이 지난 지금도 계속해서 보도되고 있다.

대체 이런 상황을 어떻게 해야 할까? 사업가로 성공하는 것을 포기해야 할까? 그렇지 않다. 그 해답은 나노 브랜드에 있다. 나노 브랜드로 이 세상을 헤쳐 나가면 된다. 나노 브랜드의 원리와 강점을 이해한 후에 100개의 나노 브랜드를 만들어 보는 것이다. 사람들의 마음에 꼭 맞는 나노 브랜드 100개를 말이다.

사실 마음만 먹으면 100개의 나노 브랜드를 만들 수 있다. 나노 브랜드를 만드는 데는 비용이 적게 들고, 경쟁자가 없거나 적기 때문이다. 또한 나노 시장을 리드할 수 있으며 나노오션을 만들 수 있다. 이뿐만이 아니다. 시장 변화와 고객의 니즈에 빠르게 대응할 수 있고, 수익률이 높으며, 마케팅 방법이 심플하며 직관적이다.

하지만 나노 브랜드 역시 단점을 가지고 있다. 나노 브랜드는 대형 단일 브랜드에 비해 상대적으로 매출이 적다. 하지만 이런 단점도 수백 개의 나노 브랜드를 만들어 시장에 선보이게 되면 자연스럽게 해결할 수 있다. 하나의 나노 브랜드 성공 법칙을 또 다른 나노 브랜드에 적용한 후에 다수의 나노 브랜드를 가지고 가는 것이 성공 방정식이다.

'자기 계발과 자기 경영의 대가'라 손꼽히는 공병호경영연구소장 공병호 박사는 수백 개의 큐피드 화살을 무기로 1인 기업으로 활동하고 있다. 그는 여러 권의 책을 출간했으며 무려 300여 개의 주제로 다양한 분야의,

다양한 연령대의 사람들을 상대로 강의를 진행한다. 그가 이렇게 많은 강의를 준비해 놓은 것은 고객에게 꼭 맞는 강의를 하겠다는 의지에서 비롯되었다. 만약 공병호 박사가 자신이 가장 잘할 수 있는 단 하나의 강의만을 준비했다면 그의 성공은 보장되지 않았을 것이다.

100명의 고객에게 100개의 제품이 공급되는 시대가 올 것이다. 지금부터 이 시대를 준비해야 한다. 앞서 언급했던 3D 프린터의 발달은 이것이 결코 꿈이 아니라는 증거이다.

광고도 마찬가지이다. 100명의 사람에게 100가지의 광고를 하는 시대가 올 것이다. 디지털 광고 기술의 발달로 이것이 가능해지고 있다. 2005년에 개봉한 스티븐 스필버그 감독의 영화 〈마이너리티 리포트〉에 디지털 사이니지(Digital Signage)에 관한 장면이 나온다. 안구 이식 수술에 성공한 톰 크루즈가 백화점에 들어가자 그의 홍채를 인식하고 광고판에서 톰 크루즈의 이름을 부르며 맞춤형 광고를 제공한다. 영화 속에 등장하는 기술들이 지금은 그저 말도 안 되는 것이라고 생각하겠지만, 사실 이는 아주 가까운 미래에 흔하게 볼 수 있는 광고가 될 수도 있다.

디지털 사이니지란 디지털 정보 디스플레이(digital information display, DID)를 이용한 옥외 광고로, 관제 센터에서 통신망을 통해 광고 내용을 제어할 수 있는 광고판을 말한다. 지하철 역사, 버스 정류장, 아파트 엘리베이터, 은행 등 유동 인구가 많은 곳에서 흔히 볼 수 있다. 현재는 단순히 동영상 형태에 소리를 곁들인 광고를 시간대별로 번갈아 노출하는 형식이 대부분이지만, 향후에는 모션 인식이나 NFC(근거리 무선 통신) 등을 이용하여 사용자와 쌍방향으로 통신하는 형식으로 점차 변화될 전망이다. 이는 TV, 인터넷, 모바일에 이어 제4의 미디어로 주목받고 있다.

그리고 현재 영화 속에서 나오는 기술보다는 덜 진보되었지만 실제로 상용화된 기술로는 KBS 프로그램인 〈스펀지〉에도 방영되어 화제를 모은 일본의 안면 인식 담배 자판기가 있다. 이 자판기는 사람의 얼굴을 분석해서 청소년인지 성인인지를 구별하여 청소년이 담배를 구입하지 못하도록 필터링한다.

또한 일본에서는 안면 인식 기술을 통해 나이와 성별에 따라 음료수를 골라 주는 똑똑한 자판기가 등장했다. 일본 도쿄 나가와역에 설치된 이 자판기는 안면 인식 알고리즘을 사용하여 사람의 성격과 관련된 데이터베이스를 검색한다. 자판기 앞에 서면 자판기는 1초 동안 고객의 이미지를 처리한 후에 거대 터치 스크린 상에 디스플레이된 35개 음료 가운데 최적의 음료를 제안한다. 실제로 이 자판기는 한 청년에게는 코카콜라를 제안했고, 한 20대 여성에게는 물 혹은 비타민 음료를 제안했다.

디지털 사이니지뿐만이 아니다. 인터넷 광고와 모바일 기기의 광고 등에서도 고객을 정확하게 분석해 이를 토대로 특정 고객에게 꼭 맞는 광고를 내보내는 데 온 힘을 기울이고 있다. 구글에서 심혈을 기울여 만든 GDN(Google Display Network)이라는 광고 프로그램도 이와 같은 노력의 결과이다.

구글의 GDN은 요즘 많은 기업과 브랜드가 꼭 해야 하는 광고 툴로 자리를 잡고 있다. 구글 GDN은 특정 고객의 타깃팅 시스템이 갖추어진 네트워크 배너 광고이다. 구글 GDN에는 네 가지 종류의 세부 광고 시스템이 있는데 문맥 타깃팅, 게재 위치 타깃팅, 주제 타깃팅, 리마케팅이 그것이다.

그중에서도 가장 혁신적인 툴은 바로 '리마케팅'이다. 리마케팅은 광고주의 홈페이지에 방문했던 고객을 기억해 두었다가 고객이 광고주 사이트 외의 다른 사이트(예를 들면 뉴스 사이트 등)에 접속하면 광고주의 광고를 노출시켜 사이트 방문을 유도하는 방식이다. 계속 따라다닌다고 해서 '스토커 광고'라고도 불린다.

구글의 리마케팅의 원리를 간단히 살펴보자. 광고주가 리마케팅을 진행하고 있다면 고객이 광고주의 웹사이트 방문 시 고객의 인터넷 사용 패턴 족적인 쿠키라는 파일을 고객 컴퓨터에 저장해 놓는다. 즉 고객의 정보를 컴퓨터에 기억해 두는 것이다. 고객이 시간이 없거나 광고주의 사이트에 흥미가 떨어져 접속을 마치고 이후에 구글 GDN과 제휴가 되어 있는 매체(뉴스나 커뮤니티 포털 등)로 이동할 경우, 그곳에서 광고주의 배너 광고가 노출된다. 관심을 가졌으나 다음 행동(구매나 다른 2차 활동)을 잠시 보류했던 고객은 자신이 방문했던 사이트의 배너 광고를 다른 곳에서 다시 접하고 광고주 사이트를 재방문하는 것이다.

하지만 구글 GDN 광고가 강력하다고 말할 수 있는 것은 방문자를 다시 광고주 사이트에 유입시키는 것 때문만이 아니다. 인터넷 사용자의 방대한 패턴 분석을 통해 사용자의 개인 정보가 없어도 아주 세밀하게 고객들을 분석하고 맞춤 광고를 내보낼 수 있다는 점이 가장 강력하다고 할 수 있다. 이 같은 기술 개발과 노력은 국내 포털 사이트와 디지털 광고 개발사들에 의해서도 진행되고 있으며 최근 다음에서는 DDN이라는 광고를 선보였다.

이러한 광고 기술의 발전은 기업과 고객 간의 불필요한 시간과 자원의 낭비를 막고 필요한 정보가 제공될 수 있게 한다. 즉 양측 모두에게 긍정적인 기술인 것이다. 새로운 광고 기술들의 발달은 다수의 나노 브랜드를 만드는 데 큰 도움을 준다. 기술이 발달할수록 한 회사나 개인이 많은 나노 브랜드를 만들 수 있는 가능성이 높아질 것이다.

CHAPTER 05

성장통이 없으면 성장하지 못한다

제2차 세계대전에서 패망한 일본은 전쟁이 끝난 후에 심각한 경제 불황을 겪었다. 일본 정부는 전후 경제 부흥이라는 명제를 풀기 위해 경영의 대가라 불리는 에드워드 데밍(Edwards Deming) 박사를 초청해 강연을 부탁했다.

강연회에는 '일본 경영의 신'이라 불리는 마쓰시타 전기의 마쓰시타 고노스케, 소니의 모리타 아키오, 혼다의 혼다 소이치 등 일본 경제의 거물들이 대거 참여했다. 그들은 강연회가 끝난 후에 각자의 회사로 돌아가 데밍 박사의 조언을 회사 경영에 접목시켰다. 결과는 어땠을까? 일본은 세계가 깜짝 놀랄 만한 성과를 이루어 냈다. 그 후 일본에서는 데밍 박사의 공로를 기리기 위해 '데밍상'을 정하고 최고의 품질 제품에 그 상을 수

여했다. 데밍 박사가 일본 강연회에서 강조한 것은 딱 한 가지였다.

"매일 1퍼센트씩 나아져라!"

매일 1퍼센트씩 나아진다면 오늘 100인 당신의 능력은 내일이면 101이 되고, 내일모레는 102.01이 된다. 이렇게 100일만 지나면 당신은 257의 능력치를 갖게 된다. 100일 전보다 2.5배 이상의 능력이 생긴 것이고 100일 전의 당신 같은 사람 2.5명이 해야 하는 일을 지금은 당신 혼자서 해낼 수 있다는 의미이다. 이론적인 숫자 놀음으로 보일 수 있지만 하루하루의 작은 변화가 큰 변화를 낳는다는 것은 사실이다.

물론 매일매일 1퍼센트씩 나아지는 것은 쉬운 일이 아니다. 1퍼센트씩 매일 나아지기 위해서는 10퍼센트씩 노력을 더해야 할 수도 있다. 하지만 이것만 기억하라. 노력의 대가는 반드시 돌아온다.

기업도 마찬가지이다. 단 한 번에 커다란 혁신으로 세계적인 기업이 된 예는 찾아보기 힘들다. 겉에서 보기에는 하나의 제품이 히트해서 세계적인 브랜드를 가진 기업이 된 것으로 보이지만 이것은 먼 곳에서 보는 관찰자의 착각이다. 물 위에 떠 있는 백조처럼 그렇게 성공한 기업들도 물 아래에서는 사력을 다해 물질을 하고 있다. 1퍼센트씩 앞으로 나가기 위해 남들이 모르는 힘든 물질을 하는 것은 당연하다.

2000년대 말의 최대 이슈는 신종플루였다. 백신이 듣지 않는 무서운 감기가 사람들을 공포로 몰아넣었다. '위기에서 기회를 찾아라.'라는 말이 있다. 그 공포의 기회를 잡아 그야말로 대박을 낸 브랜드가 있다. 주인공은 바로 '데톨'이다. 데톨은 옥시라는 회사에서 만든 손 세정제로, 2004년도에 출시되어 조금씩 인지도를 높여 가고 있었다. 신종플루가 창궐한 2009년에는 그해에만 700퍼센트의 매출 증가를 기록했다. 데톨은 신종플루에 치료 약이 없는 상황에서 감염의 예방을 강조하고, 일반 비누보다 우수한 살균력을 가지고 있으며 상당히 위생적이라는 점을 어필했다.

하지만 데톨은 우리나라 최초의 손 세정제가 아니다. 최초의 손 세정제는 2003년에 출시되었지만 2009년의 대박 기회를 앞두고 2008년에 단종되었다. 최초의 손 세정제가 자신들의 단점을 고쳐 나가며 조금만 더 버텼다면 큰 브랜드로 성장할 수 있었을 텐데 안타깝게 기회를 놓쳐 버린 것이다.

앞서 거론한 제임스 다이슨(James Dyson) 회장은 먼지 봉투가 없는 사이클론 방식의 다이슨 청소기를 통해 세계적인 기업을 만들었다. 몇 년 전에는 날개 없는 선풍기를 만들어 〈타임스〉에 의해 올해의 발명품으로 뽑히기도 했다. 다이슨 청소기가 나오기 전까지만 해도 사람들은 먼지 봉투가 달린 진공청소기를 이용했다. 사용할수록 먼지 봉투가 막혀 흡입력이 약해지고 봉투를 계속 구매해야 하는 소비자들의 불편이 계속되었다.

1979년에 코트월드에 위치한 자택에서 아내를 도와 진공청소기로 청소를 하던 다이슨은 먼지 봉투가 없는 청소기에 대한 아이디어를 얻게 되었다. 그는 이런 문제를 공업용 싸이클론 타워에서 아이디어를 얻어 원심력을 이용해 작은 먼지를 걸러 줄 수 있겠다고 생각하고 다이슨 청소기를 개발하기 시작했다. 하지만 개발을 하는 것이 쉽지만은 않았다. 5년간 5,127개의 시제품을 만들고, 그 시제품을 만들기 위한 수만 번의 테스트를 반복하고 반복했다. 하지만 끝이 보이지 않는 좌절과 법정 소송, 자금

부족, 지루한 특허 출원 과정, 남들의 조롱과 의심, 타사의 아이디어의 도용 시도 등에도 굴하지 않았다. 이런 노력의 결과를 통해 나온 다이슨 청소기는 출시 18개월 만에 영국의 1위 청소기가 되었다.

다이슨은 자사의 엔지니어들에게 다섯 가지를 주문한다.

- 다양한 문제를 풀 수 있는 힌트를 제공하는 색다른 관점을 가져라.
- 원리를 발명하라.
- 끊임없는 반복과 혁신을 견딜 수 있는 인내심을 가져라.
- 완벽한 제품을 만들기 위한 조금의 틈도 용납하지 않는 완벽주의자가 되어라.
- 끊임없는 새로운 질문들에 해결책을 제시할 수 있는 열정을 가져라.

다이슨의 예처럼 아이디어는 전체 제품과 브랜드의 성공 요소 중 1퍼센트를 차지한다. 아이디어에 현실의 브랜드와 제품으로 만들기 위한 99퍼센트의 노력이 더해져야 원석인 아이디어를 다이아몬드로 만들 수 있는 것이다. 임계치를 뛰어넘게 해 주는 노력을 통해 도약하라. 한계치까지 몰아쳐 보며 성공할 때까지 실패를 인정하지 마라. 자신이 인정하지 않으면 실패란 없고, 이 모든 것은 성장하기 위한 위대한 과정이다.

나 또한 마찬가지였다. 국립연구소에서 연구원으로 근무하고 있을 때 한 외국계 기업에 스카우트가 되어 이직을 했다. 하지만 원했던 마케팅 업무를 할 수 없어 3개월 만에 퇴사하기로 마음먹었다. 지금 생각해 보면 회사 입장에서는 갓 입사한 직원에게 마케팅의 중요 업무를 맡기는 것이 불안했을 것이다. 어쨌든 회사의 만류에도 불구하고 퇴사를 한 나는 나만의 브랜드 마케팅 회사를 만들겠다는 생각으로 곧바로 사업을 시작했다.

변변한 사업 자금이 없었지만 홈페이지와 카페를 만들었고 필요한 강의들을 들으며 조금씩 경험을 쌓아 갔다. 그리고 작은 일이라도 하나하나 열심히 수행했다. 그러자 여기저기에서 나를 조금씩 인정해 주기 시작했다. 사람들이 열심히, 묵묵히 일하는 성실성을 알아준 것이다. 그때부터 회사의 규모가 점점 커졌고, 그로 인해 사업 분야도 확장해 나갈 수 있었다. 만약 그때 두려움에 퇴사를 결정하지 못했다면 어땠을까? 아마도 지금처럼 밤낮 없이 즐겁게 일하지 못했을 것이다.

많은 사람이 불후의 명작을 남긴 천재들은 무언가를 만들 때마다 대단한 작품을 남길 것이라고 생각한다. 하지만 이는 사실이 아니다. 천재들의 공통된 특징은 언제나 다양한 생각을 하며 방대한 양의 무언가를 만든다는 것이다. 그중에서 일부가 그들을 천재로 만들어 주는 대작이 되는 것이다. 우리가 최고라고 칭하는 천재들은 자신의 다양한 생각을 표현할 방대한 양의 작품을 남기기 위한 오랜 시간 고민하고 치열하게 노력했다. 그 치열함이 있었기 때문에 불후의 명작을 남긴 것이다.

'Impossible'이란 영어 단어가 있다. Impossible에 점을 하나 찍으면 I'm possible이 된다. I와 M 사이에 찍힌 점은 Impossible을 I'm possible로 만들어 주는 땀 한 방울이다. 노력으로 흘린 땀 한 방울에 의해 불가능이 가능으로 변하는 것임을 믿어 의심치 말라.

솔로몬의 반지 안쪽에는 이런 문구가 적혀 있었다고 한다.

이 또한 지나가리라.

노력에 관한 헤아릴 수 없이 많은 명언 중에서 일부를 소개한다. 노력에 관한 명언이 많다는 것은 그만큼 노력이 업무적 성과와 성공한 인생을 만드는 데 중요하다는 뜻이다.

- 불운을 극복하는 유일한 길은 열심히 노력하는 것이다. _해리 골든
- 천재성은 고통을 참고, 이기는 탁월한 재능을 가리킨다. _사무엘 버틀러
- 우리가 노력 없이 얻는 유일한 것은 노년이다. _글로리아 피처
- 100명의 환자를 무덤으로 보내야만 유명한 의사가 될 수 있다. 완성의 순간에 도달할 때까지 부단히 노력해야만 한다. _발타사르 그라시안

종종 성공한 브랜드와 실패한 브랜드 사이에서 어떤 차이점이 있는지 묻는 사람들이 있다. 그때마다 내가 항상 강조하는 것은 회사의 대표와 핵심 인물들의 자세이다. 즉 회사와 브랜드를 이끌어 가는 수장들의 마인드가 브랜드의 성공과 실패를 좌우한다. 특히 그중에서도 어려움에 부딪혔을 때 시련을 헤쳐 나갈 수 있는 단단한 자기 확신과 확고한 의지가 가장 중요한데, 이는 무엇인가를 끊임없이 배우고 받아들이려는 노력에서 비롯한다.

일본의 베스트셀러 작가이자 성공학 강사인 이노우에 히로유키는 도쿄의대와 동대학원을 졸업한 의학박사이다. 그는 성공적인 병원 운영을 위해 '경영학을 공부해야겠다.'라는 생각을 가지고 미국으로 건너가 경

영학 박사학위를 취득했다. 그가 운영하는 치과는 홋카이도에 있는데, 세계 각지의 사람들이 찾아오는 유명한 병원이 되었고, 단 11명의 직원이 연 4억 엔의 매출을 낸다.

그는 항상 끊임없이 공부한다. 병원을 운영하면서도 연간 100일 정도는 국내외에서 열리는 세미나에 참석한다. 다양한 세미나에서 배우는 내용들, 만나는 사람들, 동기부여 등이 그의 사업을 번성하게 하는 원동력이 된다. 그는 같은 세미나가 비슷한 시기에 뉴욕, 도쿄 등에서 열리면 뉴욕으로 가 세미나를 듣는다고 한다. 강연의 강연자, 참석자, 분위기는 지역마다 다르고 더 큰 곳의 세미나가 더 큰 가르침을 준다고 생각하기 때문이다.

배워라. 배움에 아끼지 말고 투자하라. 사람은 끊임없이 배워야 한다. 끊임없이 배우는 사람과 기업에서부터 나오는 제품과 브랜드가 수익을 창출하고 세상을 리드할 수 있다.

이노우에 히로유키는 성공의 비법인 배움에 대해 이렇게 충고했다.

"배움에 돈과 시간을 아끼지 마세요. 그리고 자신보다 크고 위대한 사람들을 찾아가 배우기 위해 노력하세요."

문화심리학자이자 에듀테이너인 김정운 소장은 한때 여러 매체에서 활동하던 스타였다. 명지대 교수로 지내던 어느 날, 그는 갑자기 모든 것을 그만두고 홀연히 일본으로 떠나 미술 공부를 시작했다. 그는《주간경향》과의 인터뷰에서 일본으로 떠난 이유를 이렇게 밝혔다.

"새로 시작하려면 버려야 한다. 내려놓아야 다시 새로운 것을 줄 수 있다. 아무리 직장에서 버텨도 60이나 65세면 쫓겨난다. 우린 그동안 대학까지 16년 정도 공부한 것으로 60세까지 버텼다. 이제 100세 시대인데 왜 남은 인생에 대한 투자는 하지 않는가. 남을 부러워하지 말고 자기의 삶과 인생을 성찰해야 한다."

김정운 소장의 말처럼 끊임없이 배우는 데 투자해야 실패의 나락에 빠지지 않을 수 있고. 설령 발을 잘못 디뎌 늪에 빠졌다 해도 서둘러 빠져나올 수 있다.

기업과 브랜드를 이끄는 사람들도 마찬가지이다. 브랜드를 만드는 기업이나 사람들은 세상의 시계가 빨리 돌아간다는 사실을 인정하고 인지해야 한다. 또한 자신의 머릿속에 있는 생각이 지금은 낡은 생각일 수 있다는 가능성을 항상 열어 두어야 한다. 이런 변화를 가장 빠르게 알 수 있는 것이 최신의 동향을 민감하게 받아들이며 끊임없이 세상에 대해 배우는 것이다.

쉽게 배우는 것은 쉽게 없어진다. 어렵게 이해하고 골똘히 생각했던 것이 기억에 오래 남아 있고 실제로도 응용이 가능한 진짜 지식이 되는 것이다. 혹시 당신은 회사를 잘 운영할 수 있는 방안 혹은 브랜드를 만들기 위한 방안을 찾기 위해 인터넷만 뒤지고 있지는 않은가. 그렇다면 시간을 낭비하고 있는 것과 다름없다. 인터넷은 '어디서 의미 있는 배움을 찾을 수 있을까?' 하는 배움의 소스를 찾는 검색 수단으로 사용해야 한다.

인터넷을 이용하여 배움의 소스나 만나 볼 사람들을 찾아 정리한 후에 직접 연락을 취해 보는 것이 좋다. 처음에는 어색할 수도 있지만 해당 담당자나 분야를 먼저 경험한 선배들을 직접 만나 차라도 한 잔 마시는 것이 책상에 앉아 인터넷을 통해 세상을 들여다보는 것보다 더욱 효과적이다. 진주는 진흙을 뒤적거리는 노력에 의해 발견된다.

나 역시 전혀 다른 분야의 여러 사업을 진행하며, 동시에 브랜드 마케팅 컨설팅과 강의로 바쁜 하루하루를 보내고 있지만 배움에 대한 끊임없는 열망과 노력을 유지하고 있다. 다행히 직업적으로 다양한 분야의 사람들과 사업을 접하기 때문에 그 회사의 대표 혹은 실무진들과의 미팅 자리는 나에게 엄청난 강의장이 된다. 그들과의 대화를 통해 나는 끊임없이 배운다.

그리고 사람들에게 의미 있는 '인사이트'를 제공해야 하는 위치에 있기 때문에 사회의 트렌드를 파악하기 위해 항상 신문과 책을 챙겨 보며 필요한 강의는 부지런히 찾아 참석한다. 하지만 이런 것을 고통이라고 생각해 본 적이 없다. 배우는 것은 항상 즐겁다. 그러한 과정을 거쳐 내가 알게 된 것들을 다른 사람들에게 전할 때에는 희열이 느껴지기도 한다.

기업과 브랜드의 성공으로 가는 여정에 또 하나의 중요한 요소는 바로 낙관이다. 전설적인 펀드 매니저인 존 템플턴(John Templeton)은 이렇게 말했다.

"시장을 너무 무서워하거나 부정적인 시각으로 바라보지 마라. 결국에는 낙관론이 이긴다."

비관론자들은 현실을 냉정하게 분석하고 날카롭게 비판한다. 대부분 맞는 말이지만 별로 도움이 되지는 않는다. 현실을 개선시킬 해결책을 제시하는 것이 아니라 그것이 되지 않을 이유들만 늘어놓기 때문이다.

시장은 분석하는 사람들은 비관론자들이지만 돈을 버는 사람들은 낙관론자들이다. 비관적인 사람이 낙관적인 사람을 이기지 못하는 이유는 미래를 비관적으로 보기 때문이다. 미래를 비관적으로 보면서 미래를 위해 전력으로 달린다는 것은 애초에 불가능하다. 그렇기 때문에 그들의 행동에는 에너지가 없다. 에너지가 없는 행동은 결코 미래를 바꿀 수 없다.

'해결될 일은 걱정할 필요가 없고 해결되지 못할 일은 걱정해도 소용없다.'라는 말처럼 쓸데없는 두려움은 버리고 낙관으로 무장하자. 그리고 우리에게 달콤한 꿀을 선사할 꽃을 향해 열심히 날갯짓을 하자.

세상에는 훌륭한 대가가 많다. 부단한 노력을 통해 자신의 분야에서 일가를 이룬 큰 사람들을 만나려고 노력하라. 한 분야에서 전문가로서 살아온 사람들에게서 사업의 노하우와 정신, 브랜드의 성공 스토리를 배워 그들의 노하우를 흡수해야 한다.

사람을 만날 때에는 분야마다, 업종마다 브랜드의 형성과 성공 전략이 다를 수 있다는 것을 염두에 두어야 한다. 굳이 회사의 대표가 아니더라도 다양한 분야의 대가들을 만나면 세상의 다양한 사람들이 원하는 것들에 대한 인사이트를 얻을 수 있을 것이다.

대가를 만나는 데에 비용과 시간이 든다면 이를 투자라고 생각하고 기꺼이 지불해야 한다. 그들도 수많은 투자를 통해 그만큼 성장했다. 대가들에게 배우는 것은 더 좋은 결과를 만들 수 있고 시간과 시행착오를 줄일 수 있는 좋은 방법이라는 것을 꼭 인지해야 한다. 끊임없이 배우는 낙관론자가 되어라. 그리고 배움에 투자하라. '공짜 점심은 없다.'는 말이 경제학의 제1 법칙임을 기억해야 한다.

CHAPTER 06

퍼스널 브랜드도
나노 브랜딩하라

최근에 3만 2,000명 규모의 한 대기업에서 8,300여 명의 직원을 명예퇴직으로 내보냈다. 단일 기업으로는 국내 최대 규모의 명예퇴직이었다. 이번 명예퇴직으로 회사를 떠나게 된 사람들의 평균 연령은 51세였다. 기업 입장에서는 창사 이래 첫 영업 적자를 기록하는 등 경영 상태가 좋지 않아 내린 어쩔 수 없는 선택이었지만 그들은 물론, 사회적으로 큰 충격을 안겨 주었다.

안타깝지만 현실을 받아들여야 한다. 이 세상에 영원한 직장은 없다. 이 시대에서 살아남는 유일한 방법은 스스로가 강력한 브랜드가 되는 것이다. 개인이 브랜드화 되어 수요자들에게 받아들여지는 것을 '퍼스널 브랜드'라고 한다. 이 퍼스널 브랜딩에서도 나노 브랜드가 핵심이다.

그렇다면 나노 퍼스널 브랜딩을 위해서는 어떻게 해야 할까?

첫째, 가장 자신 있게 내세울 수 있는 나노 분야를 정해야 한다.

일단 전문 분야가 있어야 퍼스널 브랜딩이 가능하다. 그리고 나노 퍼스널 브랜딩을 위해서는 전문 분야도 초세분화해야 한다. 독서 전문가보다는 실용 독서 전문가로, 경영 전문가로 어필하기보다는 임직원 성과 창출 전문가로 그 분야를 더욱더 세분화해야 한다. 그다음에는 자신의 분야의 전문성을 짧은 한 단어로 압축해야 한다.

'아이디어 닥터' 이장우 박사는 26년 동안 브랜드 마케팅, 소셜 미디어 전략, 디자인 경영, 상상 창조 경영 등을 주제로 수많은 기업에서 현장 중심의 강의 및 자문을 해 왔고, 대통령실 국정자문위원, 한국소비자브랜드위원회 기업분과위원장, 중앙공무원교육원 교육정책자문위원, 경희대 경영대학 겸임교수, 이화여대 경영대학 겸임교수를 맡고 있다. 이장우 박사는 특히 퍼스널 브랜딩이라는 나노 분야에 집중하여 '아이디어 닥터'라는 전문성 있는 짧은 한 단어로 자신을 브랜딩하고 있다.

'소통 전문가' 김창옥 교수는 서울여대의 겸임교수이자 국내 최초의 보이스 컨설턴트이다. 그는 삼성전자, 신세계백화점, 삼성생명 등의 대기업과 고려대, 이화여대 등의 대학에서 소통을 주제로 강의를 하고 있는 유명 강사이다. 또한 〈아침마당〉, 〈여유만만〉 등의 TV 프로그램과 라디오, 인터넷 방송 등을 통해 소통을 주제로 하는 새로운 형식의 토크쇼를 진행하며 현재 우리나라 최고의 소통 강사로 다양한 활동을 펼치고 있다. 그는 '소통 전문가'라는 전문성을 알 수 있는 짧은 단어를 앞세워 사람들에게 자신을 인식시키고 있다.

둘째, 사람들에게 자신의 스토리를 공개하여 공감을 이끌어 내야 한다.

스토리는 슈퍼 컴퓨터로도 만들어 낼 수 없다. 스토리는 인간의 고유한 영역이기 때문이다. 자신의 스토리를 이야기하고, 공유해야 한다. 여기서 가장 중요한 것은 스토리에 '진정성'이 담겨 있어야 한다는 점이다. 정말로 나의 마음에서 우러나오는 이야기를 해야 한다. 그런 스토리에만 힘이 있다.

한 CF에서 "남자한테 참 좋은데, 뭐라 설명할 방법이 없네."라는 말로 유명 CEO 대열에 합류한 천호식품 김영식 회장은 자신의 저서 《10미터만 더 뛰어봐》와 강연을 통해 자신의 파란만장한 스토리를 가감 없이 풀어놓았다.

무리한 확장으로 망했을 때 끼고 있던 반지를 전당포에 맡긴 후에 재기한 사연, 딸아이가 왜 이렇게 가난하냐고 투정을 부릴 때 사채 업체에게 찾아가 300만 원을 빌려 방에 한 장 한 장 뿌리며 "우리는 가난한 게 아니라 큰 집으로 이사 가기 위해 은행에 모아 둔 거야."라고 말하며 딸을 안심시킨 사연 등 자신이 직접 겪은 스토리와 진정성 있는 이야기를 하며 사람들의 공감을 이끌어 냈다. 그 결과, 그는 경영인으로서 자신의 퍼스널 브랜드를 공고히 했다.

셋째, 끊임없이 사람들에게 다가가야 한다.

내가 가진 장점과 강점을 PR하여 나의 경쟁력을 어필하는 마케팅을 해야 한다. 책을 쓰는 것도, 신문에 칼럼을 쓰는 것도, 모임에 나가 강의를 하는 것도 좋지만 그것만으로는 퍼스널 브랜딩을 하기 어렵다. 더 효과적인 나노 퍼스널 브랜딩을 위해서는 디지털 마케팅 채널들, 즉 SNS와 블로그 등을 적극적으로 이용해야 한다.

다만 SNS를 이용할 때에는 회사나 단체의 이미지가 아니라 개인으로서 진정성을 가지고 소통해야 한다. SNS를 잘 이용하는 것으로 유명한 CEO는 두산그룹의 박용만 회장과 현대카드의 정태영 사장이다. 이들은 SNS를 소통의 채널로, 브랜딩의 채널로, 회사의 이미지를 격상시키는 채널로, 회사의 매출을 증가시키는 영업 채널로 다양하게 이용하고 있다.

박용만 회장은 직원들과의 일화를 자신의 SNS에 올려 많은 사람의 관심을 끌었다. 그는 자신의 트위터에 냉면집에 냉면을 먹으러 갔다가 지갑을 가지고 오지 않아 결국 외상을 하고, 가장 먼저 눈에 들어온 직원에게 돈을 빌려 냉면 값을 치렀다는 글을 올리기도 했다. 이처럼 그는 평소에도 트위터에 자신의 취미 생활, 일상을 공개하는 것으로 유명하다.

정태영 사장도 마찬가지이다. SNS를 즐겨 이용하는 그는 한국 팬들에게 보여 주기 위해 폴 매카트니(Paul McCartney)에게 인증샷을 요청했는데, 동영상을 보내 왔다며 자신의 트위터에 동영상을 올렸다. 이를 통해 많은 사람이 곧 있으면 현대카드 주관으로 열리는 그의 공연에 엄청난 기대감을 보였다.

하지만 폴 매카트니는 건강상의 이유로 공연을 취소했다. 정태영 사장은 이때도 자신의 트위터에 '인연이 없으면 도리가 없는 것인지……'라는 글과 함께 비틀즈의 '예스터데이(Yesterday)' 유튜브 영상을 링크했다. 이 글을 본 사람들은 그의 노력에 지지를 보내고, 공연 취소를 함께 안타까워하며 폴 매카트니의 쾌차를 기원했다.

블로그를 운영할 때에는 파워 블로그가 아니라 전문 블로그가 되어야 한다. 신변 잡기와 연예인 소식이 가득한 블로그에는 방문자는 많지만 자신의 브랜딩에 아무 도움이 되지 않는다. 간혹 파워 블로거라며 자신을 소개하는 사람 중에 방문자 기준으로만 이야기하는 사람이 있다. 이 블로거는 파워 블로거가 아닌, 방문자가 많은 블로거일 뿐이다.

나노 퍼스널 브랜딩을 하기 위해서는 자신의 한정적인 관심사와 전문 분야에 대한 깊은 내용을 블로그에 펼칠 수 있어야 한다. 자동차에 대한 분야를 쓰는 블로거보다는 페라리 자동차에 대해서만 쓰는 블로거가 되어야 한다. 영화에 대한 리뷰를 쓴다면 여성 감독이 만든 일본 영화만 리뷰하는 리뷰어가 되어야 한다. 이것이 전문 블로거이고, 나노 퍼스널 브랜딩을 하는 방법이다.

글로벌 기업들도 한순간에 가치를 잃고 추락하는 상황에서 영원한 직장은 없다. 하지만 퍼스널 브랜드를 만듦으로써 영원한 직장이 아닌 영원한 직업은 가질 수 있다. 나를 사 줄 고객들에게 어필할 강력한 퍼스널 브랜드가 필수적인 세상이 되었다. 퍼스널 브랜딩도 나노 브랜딩해야 한다. 더 작은 분야에서 더 강력한 퍼스널 브랜드만이 변화가 심한 세상에서 우리를 구원해 줄 것이다.

CHAPTER 07

승리하려면 게임의 판을 작게 짜라

　기업의 리더들은 결정할 것이 매우 많다. 끊임없이 무엇을 만들 것인지, 무엇을 팔 것인지, 어디에서 팔 것인지, 누구를 대상으로 팔 것인지, 누구와 싸워야 할 것인지 등을 결정해야 한다. 그중에서 리더의 가장 중요한 업무는 전쟁터를 결정하는 일이다. 육지에서 싸울 것인지, 바다에서 싸울 것인지, 하늘에서 싸울 것인지에 따라 전략과 전술이 달라지고, 선택에 따라 승리가 판가름나기 때문이다.

　현명하게 전쟁터를 선택하여 승리를 거머쥔 리더 중에 가장 유명한 사람이 바로 이순신 장군이다. 이순신 장군은 왜군들과는 비교도 되지 않는 적은 군사로 수많은 왜군을 무찔렀는데, 이는 자신의 군에게 유리한 싸움터로 적을 유인했기 때문이다.

이순신 장군이 선택한 전쟁터는 벽파진 북쪽의 명량해협이었다. 이곳에서 세계 3대 해전인 명량대첩이 있었다. 당시 수군통제사였던 이순신 장군은 진도 부근에 있는 율돌목(명량)이 수로가 협소하고 조류가 빠른 점을 이용하여 해상에 쇠줄을 설치하고 일자진을 펴 왜군들을 유인하여 섬멸했다. 13척의 배로 133척의 왜선을 상대해야 했지만 놀랍게도 조선 수군은 단 1척도 피해를 입지 않았다. 이는 세계 해전사에 유례가 없는 완벽한 승리였다.

역사에서 평가하는 이순신 장군의 승리 요인은 죽음을 각오한 불굴의 정신과 적의 대군이 일거에 움직일 수 없는 좁은 지형을 택해 자신들에게 상황을 유리하게 만든 탁월한 지역 전략 전술이다. 이순신 장군의 예처럼 승리를 하려면 내가 가장 자신 있는 작은 경기장으로 상대방을 초대해야 한다. 작은 경기장이 없다면 스스로 만들어라. 이것이 바로 나노 브랜드의 승리 조건이다.

나노 브랜드가 경기장의 판을 작게 짜는 데에는 세 가지 이점이 있다.

첫째, 경쟁사보다 유리하게 경기를 이끌 수 있다.

제품을 만들고 브랜드를 만들고 이를 유통하고 판매하는 것은 신나면서도 긴장되는 일이다. 회사와 브랜드가 소비자들에게 어떻게 비춰지고, 그 이미지들이 어떻게 매출을 내느냐에 따라 미래가 좌우되기 때문이다. 열심히 준비한 프로젝트는 시장의 평가를 받기 직전이 가장 떨린다. 특히 경쟁이 있는 시장에 진입하는 경우에는 경쟁사와의 비교가 필수적으로 따라오기 때문에 그 긴장감은 담당자들을 짓누른다.

하지만 경기장의 판을 작게 짜려고 노력한 기업과 브랜드는 좀 더 여유롭다. 경쟁자는 해당 업종에서 오랫동안 종사했을 수도 있고, 자본이 많을 수도 있다. 일반적으로 그들은 지금 우리가 준비하고 있는 제품과 비슷한 제품을 더 많은 마케팅 비용을 들여 시장에 내놓는다. 따라서 같은 경기장으로 뛰어든다면 100전 100패이다. 이런 경우에는 우리의 제품이 싸워야 할 경기장을 작게 만들어야 한다. 작은 판에서 싸워야 승리할 수 있다.

둘째, 더 좋은 만족을 소비자에게 줄 수 있다.

경기장의 판을 작게 짠다는 것은 4만 명을 대상으로 하는 콘서트와 20명을 대상으로 하는 콘서트와의 차이와 같다. 4만 명이 운집한 대규모 콘서트장에 가 보면, 정작 공연자의 얼굴은 보이지도 않는다. 간혹 공연자의 얼굴은커녕 몇 명이 나와 공연을 하고 있는지조차 보이지 않는 경우도 있다. 반면, 20명만 초대하여 진행하는 소극장 콘서트는 어떤가. 마이크를 통하지 않고도 공연자의 목소리를 육성 그대로 들을 수 있다. 성대의 떨림, 땀방울, 눈빛 하나하나까지 보고 느낄 수 있다. 공연자도 마찬가지로 관객들의 생김새와 관객의 느낌이 생생하게 전해져 서로 호흡하며 자연스럽게 공연을 진행할 수 있다. 과연 어느 쪽이 더 밀도 높은 감동을 선사하겠는가.

셋째, 시간이 적게 들고 빨리 결과를 볼 수 있다.

판이 작다는 것은 준비해야 하는 범위가 작다는 것을 의미한다. 탁구

경기장을 쓸고 닦고 하는 것과 축구장을 정비하는 일은 비교가 되지 않는다. 판을 줄임으로써 빠른 시간에 준비해야 승부를 볼 수 있다. 시간의 절약은 곧 투자 비용의 절약을 의미한다. 승부의 결과도 금방 볼 수 있고 그 승부 결과에 따라 그에 맞는 적절한 대응도 빠르게 할 수 있기 때문이다. 현대 사회에서는 작은 판을 만드는 것이 승리의 유일한 방법이다.

O대표의 요청으로 함께 미용 기기를 론칭한 적이 있다. 처음에 그는 다른 곳에서 생산한 미용 기기를 납품 받아 판매하는 유통업에 종사했다. 밤낮 없이 열심히 일해 남부럽지 않은 수익을 냈지만 얼마 되지 않아 납품을 해 주던 곳에서 일방적으로 해당 제품의 공급가를 높였다. 표면적으로는 생산 단가가 올랐기 때문이라고 했지만 사실 O대표의 인지도가 쌓이고 매출이 나기 시작하니 그에게 무리한 조건을 제시하여 자신들이 직판을 하려는 심산이었던 것이다. 매우 억울했지만 O대표는 눈물을 흘리며 해당 미용 기기의 유통을 포기했다.

O대표는 그때의 아픔을 발판 삼아 다른 사람의 물건을 판매하는 것이 아니라 자신의 브랜드를 만들겠다고 결심하고, 평소에 친분이 있던 나를 찾아왔다. 장시간의 논의 끝에 제품은 두 가지만 생산하기로 했다. 제품 생산은 미용 박람회에서 인연이 닿은 한 제조 회사와 ODM 방식으로 생산하기로 했다. 브랜드 콘셉트와 CI, BI를 만드는 데 50여 일, 제품 촬영과 브로슈어 홍보물, 패키지 등을 준비하는 데 1개월, 홈페이지 디자인 2개월 정도를 더해 총 6개월의 작업 기간을 끝내고 론칭을 했다.

론칭한 이후에는 적극적인 디지털 마케팅을 통해 빠르게 알려 나갔다.

론칭은 성공적이었고, 첫 달에 수천만 원의 매출을 냈다. 브랜드를 시장에 선보인 지 한 달 만에 일본과 중국에서 수출 의뢰가 들어왔다. 1년 정도가 지난 지금은 공장 생산의 한계로 물량이 딸릴 지경이다.

이 브랜드의 성공 비밀은 판을 작게 만든 것이었다. 딱 두 가지의 제품과 하나의 브랜드, 판매 루트의 단순화가 적중한 것이다. 그리고 빠른 론칭으로 시간이 소비되면서 들어가는 노력과 불안감 등을 최소화했다. 이처럼 판을 작게 짜는 것이 나노 브랜드의 승리 비법이다.

스타트업 기업이나 브랜드를 처음 만들어 가는 팀은 당연히 자원이 한정적이다. 그리고 단 한 번의 실패로 인해 기업이 도산하거나 팀이 해체되는 아픔을 겪을 수 있다. 이런 일을 겪을 확률을 최소로 하려면 자신이 잘 아는 경기장을 아주 작게 만들어 전투에 임하는 것이 상책이다. 이것이 나노 브랜드의 시장 접근법이다. 작은 연못에서 물고기 잡기가 더 쉽고 더 작은 그물이 필요하다는 사실을 항상 생각해야 한다.

CHAPTER 08

NB(나노 브랜드) =(P+S+V+T)/C

나는 요리 프로그램을 즐겨 본다. 프로그램이 끝날 때쯤에는 먹음직스럽게 보이는 음식이 한 가지씩 완성된다. 맛있는 음식을 위해서는 세 가지 필수 조건, 즉 신선한 재료, 적당한 조리 도구, 요리사의 정갈한 마음가짐이 준비되어 있어야 한다. 마찬가지로 나노 브랜드를 시장에 선보이고 성공된 브랜드로서 자리 잡기 위해서는 몇 가지 요소가 필요하다.

첫째, 철학(Philosophy)이 있어야 한다.

여기에서 철학은 브랜드의 철학이라고도 할 수 있다. 창업자와 브랜드 매니저의 철학은 제품과 서비스를 관통해야 한다. 제품과 서비스를 관통하는 철학이야말로 진정성이 있는 브랜드 철학이다. 철학이 없는 브랜드는 수명이 짧다. 당장은 인지도를 높이며 승승장구할 수 있지만 어려움이 닥쳤을 때 헤쳐 나갈 근본적인 힘은 탄탄한 브랜드 철학에서부터 뿜어져 나온다. 목표가 없는 인생은 작은 흔들림에도 힘겨워하는 것처럼 명확한 브랜드 철학으로 단단하게 브랜드가 성장할 터를 다져야 한다.

둘째, 스토리(Story)가 있어야 한다.

상품의 품질만으로는 승부를 하기 어려운 시대이다. 상품의 질과 서비스의 수준이 상향 평준화되었기 때문이다. 멋진 브랜드 이름과 로고, 제품의 디자인과 효용성만으로 고객들에게 어필하는 것은 더욱 큰 마케팅 노력과 비용을 요구한다. 스토리는 기억되지만 스펙은 쉽게 잊히기 때문이다. 브랜드는 고객들에게 자신의 이야기를 할 수 있어야 하고 그 이야기가 고객들의 입에서 입으로 그리고 고객의 디지털망을 타고 멀리멀리 퍼져 나가야 한다. 인간의 기본 욕망은 소통이다. 사람들의 소통 욕망을 자극하는 이야깃거리가 있는 브랜드는 언제나 승리한다.

셋째, 고객에게 가치(Value)를 제공해야 한다.

예전에는 가치가 사용성의 우수함 같은 명확하고 단순한 가치로 획일화되었다. 하지만 이제 고객들이 생각하는 가치는 각각 초세분화가 되었다. '가장 싸다', '가장 크다', '가장 작다', '가장 가볍다'와 같은 제품의 성격들은 소비자가 그 성질에 의미를 둘 때만 가치가 있다. 사람들은 그렇게 우리의 제품에 관심을 갖지 않는다. 우리 제품에 소비자가 관심을 갖게 하려면 소비자가 가치를 두는 포인트에 혁신이 필요하다. 혁신을 하는 자체보다 더욱 힘겨운 것은 소비자의 가치가 시대적으로 그리고 개인적으로 빠르게 변화한다는 사실이다.

토스터가 단순히 토스트를 노릇하게 만든다고 가치를 제공하는 것이 아니다. 항상 그 이상의 가치를 만들 수 있어야 한다. 고객들이 원하는 가치가 무엇인지 파악하기 위해 노력하고 고객들조차 인식하지 못하는 고객 자신들의 세분화된 가치를 찾아 고객에게 혁신을 제공해야 한다.

넷째, 감동(Touch)을 주어야 한다.

기업이 생존하고 지속적으로 성장하기 위해서는 고객의 지속적인 사랑이 있어야 한다. 고객의 지속적인 사랑을 고객 충성도 또는 브랜드 충성도로 표현하기도 한다. 고객 충성도나 브랜드 충성도가 높은 고객들은 브랜드로부터 감동을 받은 고객들이다. 그렇기 때문에 지속적으로 발전해 나가는 브랜드는 고객들의 감동에 더욱 기민하게 반응한다.

하지만 모든 고객이 똑같은 자극에 똑같이 감동하는 것은 아니다. 문제는 여기에 있다. 고객이 느끼는 감동의 종류는 다양하다. 그리고 고객마다 감동의 경험치와 한계치가 각각 다르다. 하나의 브랜드가 줄 수 있는 감동의 수준을 올리고 감동을 전달하는 방법의 변화도 함께 필요한 시점이다.

다섯째, 개별 고객(Customer)을 중요하게 생각해야 한다.

나노 브랜드를 형성하는 데에는 위의 네 가지 요소를 기본으로 갖춘 상태에서 단 한 사람의 원츠에 초점을 맞춘 제품과 서비스를 만들어야 한다. 이것이 바로 나노 브랜드의 본질이다.

지금은 상품과 서비스가 흘러넘치는 풍요의 시대이다. 브랜드로 미처 인식되지 못하고 사장되어 버린 제품이 그렇지 않은 상품보다 많다. 그리고 한 번 브랜드로 인식되었다고 하더라도 안심할 수 없다. 내일이면 새로운 도전자가 나의 밥그릇을 노리고 도전장을 날릴 것이다. 1등은 혈기 넘치는 도전자의 도전에 응하느라 점점 지쳐 간다. 이런 상황에서 기업이 해야 하는 당연하고도 가장 중요한 것은 무엇일까? 답은 매우 단순하게도 제품과 서비스의 끊임없는 진화이다.

처음 창업하는 단계에서는 여러 가지를 고려하게 된다. '제품을 팔 것인가, 서비스를 팔 것인가?', '어떤 제품과 어떤 서비스를 팔 것인가?', '내가 직접 만들 것인가, OEM을 할 것인가?', '공장을 설립할 것인가?', '제품을 만들 기술이 있는가?', '경쟁력과 자본은 마련되어 있는가?', '브랜드 명은 어떻게 해야 하는가?' 등 수많은 것을 생각하고 결정해야 한다.

하지만 이보다 먼저 고려해야 하는 것이 있다. 바로 '내 제품과 서비스가 나노 브랜드로 만들어질 수 있는가?', 다시 말하면 '고객의 원츠를 꼭 맞게 채워 줄 수 있는가?'이다. 나노 브랜드가 될 수 없다면 높은 절벽 아래로 끝없이 떨어지는 뻐꾸기가 될 수밖에 없다.

나노 브랜드로 성장 가능한 제품과 서비스는 어떤 조건을 가지고 있을까? 소비자는 제품을 구매하는 것이 아니고 제품에서 나오는 가치와 경험의 기대를 구매하는 것이다. 그러니 나노 브랜드로 성장할 가능성이 있는 브랜드는 당연히 소비자에게 일정 수준의 가치와 경험을 줄 수 있어야 하며, 구매한 가격의 기대보다 큰 가치와 경험을 줄 수 있어야 한다.

이는 소비자의 감동으로 표현되어지고, 결국에는 당신의 제품이 브랜드로 서는 데 순풍이 된다. 인간을 포함한 생명체는 자신의 에너지를 아끼는 방향으로 진화해 왔다. 제품을 구매하는 데 써야 하는 생각, 가격에 대한 비교, 디자인에 대한 비교, 서비스에 대한 비교 등 모든 것이 에너지를 쓰게 만들기 때문에 이런 상황을 본능적으로 피하고 싶어 한다.

구매할 때 에너지를 가장 작게 쓰는 방법은 예전에 쓰던 제품을 그대로 다시 구매하는 것이다. 기존 시장을 점유하고 있는 브랜드에게는 고마운 단골이다. 하지만 처음 시장에 진입하는 제품은 당연히 단골이 있을 리가 없다. 처음 시장에 선보이는 브랜드는 고객이 잘 쓰고 있던 제품이 단종되거나, 재고가 없거나, 가격이 변동되거나, 그 제품을 유통하는 사람들에게 실망을 했거나, 그 외에 다양한 이유로 기존 제품에 등을 돌려야 겨우 기회가 온다.

하지만 가장 이상적인 경우는 소비자가 새로운 제품과 브랜드에 매료되는 상황이다. 그중 하나의 방법이 제품과 서비스의 나노화를 통해 세상에 없는 제품을 탄생시켜 선보이는 것이다. 제품에서부터 경쟁자들에게 우월해야 의미가 있다. 물론 강력한 유통과 마케팅을 무기로 경쟁사를 무너뜨릴 수 있지만 이는 제품의 우수성과 매력으로 고객과 시장의 마음을 사로잡는 것보다 몇 배의 노력과 비용이 들어간다. 궁극적으로는 우리의 세상을 빛나게 하는 방법은 아니다. 제품과 서비스의 긍정적인 혁신을 통해 고객에게 감동을 줄 때 우리의 씨앗이 고객의 가슴에 심어진다.

지금은 나노 브랜드 시대이다. 이 시대에 꼭 맞는 나노 브랜드를 만드는 아래의 방정식을 기억하라.

NB(나노 브랜드) = (P+S+V+T)/C

'고객 1명에게 꼭 맞는 철학+고객 1명에게 감동을 주는 스토리+고객 1명이 꼭 필요한 가치+고객 1명이 느낄 수 있는 감동'을 브랜드에 담아라. 그러면 그 브랜드가 나노 브랜드가 되고, 당신의 브랜드는 소비자들의 마음에 단단히 새겨질 것이다. 당신의 작지만 강한 나노 브랜드는 당신의 나노 브랜드보다 더욱 세분화된 경쟁 브랜드가 나오기 전까지는 안전하게 당신과 고객에게 큰 기쁨을 제공해 줄 것이다.

CHAPTER 09

나노 브랜드에서 위대한 브랜드로

한 기업에서 임원들을 상대로 강연을 진행했다. 강연이 끝난 뒤, 한 임원이 내게 다가와 이렇게 말했다.

"오늘 강의 정말 잘 들었습니다. 나노오션이라는 말이 특히 인상적이었습니다. 특히 자신의 분야에서 나노 브랜드를 통해 수요를 만들고 나노 마케팅을 통해 브랜드를 만들라는 이야기는 꼭 실천해 봐야 할 것 같습니다. 그런데 나노 브랜드만 가지고는 매출이 한정적이어서 사업의 대형화에는 적합하지 않은 것 같은데, 이것을 해결할 수 있는 묘책은 있나요?"

언뜻 생각하기에는 맞는 말 같지만 나노 브랜드의 확장 전략에 대한 이해가 부족하기 때문에 이런 질문을 한 것 같다. 나노 브랜드로도 큰 성공을 거둘 수 있다. 그렇다면 어떻게 해야 나노 브랜드로 더욱 큰 성공을 거둘 수 있을까?

'경영의 구루'라고 불리는 피터 드러커(Peter Drucker)는 기업 활동의 핵심을 다음과 같이 정의했다.

새로운 고객을 모으고, 기존 고객을 유지하는 것

지속적인 기업이 되려면 계속해서 새로운 고객을 우리 브랜드의 고객으로 만들고 기존 우리 브랜드의 고객들에게 지속적인 가치를 제공하여 다른 곳으로 눈을 돌리지 않도록 잡아 두어야 한다. 지속적인 가치를 제공하기 위해서는 고객들에게 지속적인 브랜드를 선보여야 한다. 그러기 위해서는 성공한 브랜드의 법칙을 반복해서 사용해야 한다.

성공도 하나의 습관이다. 일단 하나의 나노 브랜드를 성공시키면 다음 단계는 쉽다. 영국의 유명한 화가인 프랜시스 베이컨(Francis Bacon)은 이렇게 말했다.

"습관은 거스를 수 없는 막강한 힘을 가지고 있다. 습관이 인생을 결정한다."

하나의 성공을 이룬 사람들은 비슷한 방법으로 또 다른 성공을 쟁취할 수 있다. 의도적으로 승리의 규칙을 반복하라. 이것이 나노 브랜드를 크게 키우는 방법이다. 나노오션에 초점을 맞추어 성공한 나노 브랜드는 경쟁사들과 싸우지 않는다. 그들은 이전의 성공을 통해 나노 브랜딩과 나노 마케팅에서 이미 고수인 것이다.

스프레이형 탈취제인 페브리즈의 국내 점유율은 90퍼센트에 달하며,

매년 20퍼센트 이상의 매출 성장을 이루어 내고 있다. 과연 비법이 무엇일까? 그것은 바로 시장 자체를 키우는 힘에 있다. 90퍼센트 이상 점유하고 있기 때문에 다른 브랜드들과 경쟁해서 점유율을 빼앗는 전투를 해도 그들의 성장에는 크게 영향을 미치지 못한다. 따라서 그들은 처음에는 집에, 그다음에는 옷과 신발에, 그다음에는 차와 사무실 등에 뿌릴 수 있도록 영역을 계속해서 확장함으로써 브랜드의 쓰임새를 넓히고 이를 적극적으로 알렸다. 이와 같은 고수들의 전략을 이해하고 적극적으로 활용할 필요가 있다.

이러한 예처럼 나노 브랜드를 역사에 남을 만한 위대한 브랜드로 성장시키는 방법은 몇 가지로 정리할 수 있다.

첫째, 세계로 시장을 넓혀라.

전 세계 시장으로 봤을 때 우리나라의 시장은 매우 작다. 힘들게 만든 나노 브랜드의 고객들이 전 세계에 있다는 것을 기억해야 한다. 간혹 우리나라가 아닌 다른 곳에서 우리가 만든 나노 브랜드에 더욱 열광하는 사람이 많은 경우도 있다.

미국의 경제 잡지인 《포브스》는 2013년도에 세계에서 가장 많은 매출을 올린 온라인 게임이 '크로스파이어'라고 보도했다. 온라인 총싸움 게임인 크로스파이어 하나로 지난 한 해 동안 벌어들인 돈이 1조 원에 달한다. 세계에서 가장 많은 사람이 동시에 즐기는 게임이기도 한 크로스파이어는 2010년에 200만 명이 동시에 접속하여 게임을 한 것으로 기네스북에 등재되기도 했다.

크로스파이어를 만든 사람은 한국 토종 게임 업체 스마일게이트의 권혁빈 사장이다. 크로스파이어 회원은 4억 명이다. 이 게임에서 사용할 무기 같은 이른바 '아이템'을 팔아 돈을 번다. 돈이 벌릴까 싶지만 게임을 할 때 사람들이 생각보다 많은 돈을 쓴다. 스마일게이트의 2013년 매출은 3,760억 원, 영업 이익은 2,550억 원으로, 영업 이익률이 무려 68퍼센트에 달한다. 영업 이익률이 높은 이유는 회사가 게임을 개발해 해외에 수출한 다음 로열티를 받기 때문이다. 스마일게이트는 개발만 하기 때문에 마케팅이나 장비 운영 비용이 들지 않는다. 크로스파이어는 중국, 브라질, 베트남에서 1위 온라인 게임이다. 중국의 텐센트는 크로스파이어를 서비스하면서 성장하여 오늘날 중국 최대 인터넷 기업에 올랐다. 텐센트 매출의 약 20퍼센트가 크로스파이어에서 나온다.

이처럼 크로스파이어는 세계 시장에서는 상당히 막강하지만 2006년에 한국에 출시했을 때에는 고전했다. 먼저 나온 총싸움 게임들에 밀려 자리를 잡지 못했다. 권혁빈 사장은 이렇게 말했다.

"총싸움 게임은 선점 효과가 크다. 일단 누군가 시장을 장악하면 후발주자가 비집고 들어가기 어렵다."

한국에서 자리를 잡지 못한 스마일게이트는 2007년에 중국에 진출했다. 한국에서 치열하게 경쟁하면서 쌓인 저력이 중국에서 뒷심을 발휘한 것이다. 다른 총싸움 게임이 선점한 한국 시장에서 고전했던 것이 중국 시장에서는 약이 되었다. 중국 시장에서는 권혁빈 사장이 먼저 시장을 선점했던 것이다. 게다가 이미 한 번 가 본 길이라 헤매지 않고 목표를 향해 질주할 수 있었다.

크로스파이어의 예처럼 한 분야에서 집중하고 역량을 찾으면 한국 시장에서 실패를 했다 해도 해외 시장에서는 큰 성공을 거둘 수 있다. 더 다양한 시장을 보고 나노 브랜드를 만들어 보는 것을 고려해 보라. 더 큰 그림을 그려 보는 것이다.

둘째, 이미 만들어져 형성된 나노 브랜드를 가지고 완전 다른 분야로 뛰어들어 같은 방법의 마케팅을 하라.

이런 전략을 통해 글로벌 기업으로 성공한 예는 상당히 많다. 그중 하나가 이탈리아의 슈퍼카 브랜드 '페라리'이다. 페라리는 원래 자동차를 만드는 회사이지만 페라리의 강력한 브랜드를 기반으로 독특한 페라리 문화를 만들었다. 그래서 페라리스토어에서는 모자, 가방, 운동화 등의 패션 상품에서부터 향수, 열쇠고리, 책, 미니 자동차, 심지어 재떨이까지 판매한다. 또한 최근에는 페라리 테마파크를 만들어 페라리의 브랜드를 사랑하는 사람이 더 많이 생기게 하는 긍정적인 연결 고리를 마련했다.

이런 예는 혼다에서도 찾아볼 수 있다. 혼다 소이치로는 1946년에 혼다를 창업할 때 '작고 효율적인 엔진'이라는 핵심 모토를 혼다의 절대 가치로 삼았다. 이를 근간으로 모터사이클, 자동차, 로봇, 항공우주산업 등 전혀 다른 사업에 뛰어들었지만 핵심 가치를 공유하였기 때문에 이질적이지 않은 브랜드를 가져갔다. '작고 효율적인 엔진'이라는 나노 브랜드에서 자동차, 항공우주산업까지 일구어 낸 혼다의 예를 유심히 봐야 할 것이다.

셋째, 이미 나노 브랜드로 형성되어 있는 브랜드를 관련 제품으로 확장하라.

안경 브랜드인 젠틀몬스터가 그 예이다. 처음에 젠틀몬스터는 남자 도수 안경테에 집중하여 디자인과 생산을 했다. 그 영역에서 브랜드로 탄탄한 자리를 잡은 후에는 여자 도수테로, 그다음에는 클립 안경이라는 새로운 분야로, 그다음에는 선글라스로 점점 브랜드가 커버하는 영역을 확장했다. 지금은 안경, 선글라스, 케이스까지 영역을 넓혀 아이웨어 전반의 영역을 커버하고 있다.

청바지를 중심으로 한 패션 브랜드인 디젤도 마찬가지이다. 원래 집중하던 영역을 점차 확장하는 방법으로 위대한 브랜드로의 도약을 준비하고 있다. 디젤은 자신의 아이덴티티를 기반으로 옷과 액세서리 등의 패션 분야에서 강력한 브랜드 파워를 지니고 있다. 하지만 거기에서 멈추지 않고 향수와 와인처럼 패션을 넘어선 새로운 분야에 도전하고 있다. 디젤만의 감성으로 고객들에게 라이프 스타일을 제공하며 디젤 마니아들의 생활 전반에 영향을 미치려는 목표를 가지고 있는 것이다.

넷째, 위의 세 번째 방법과 정반대로 하라.

기존에 성공적이었던 나노 브랜드를 더 나노화하는 방법이다. 예를 들면 실리콘 젖꼭지 분야에서 나노 브랜드를 만들어 시장을 장악했다면, 이제는 다음 단계로 나이별·성별 등에 더 세분화된 제품과 브랜드를 만드는 것이다. 아니면 아예 제품의 부품을 팔거나 DIY 키트를 파는 등 제품의 부품화를 통한 나노 브랜드까지 생각해 볼 수 있겠다.

다섯째, 나노 브랜드의 영역 속성에 변화를 주어라.

만약 성공한 '제품 나노 브랜드'라면 서비스나 유통으로 브랜드를 전개해 가면 된다. '서비스 나노 브랜드'라면 제품이나 유통 쪽으로, '유통 나노 브랜드'라면 제품이나 서비스 등으로 브랜드 영역을 확장하는 방법을 택할 수 있다.

세계 100대 글로벌 기업에 꼽히는 일본의 교세라 그룹 회장인 이나모리 가즈오는 이렇게 말했다.

"강렬하게 원하면 방법은 저절로 나타나며, 목표는 성취된다. 다만 막연하게 생각하는 것이 아니라 자나 깨나 끊임없이 바라고 원해야 한다. 머리끝에서 발끝까지 온몸을 그 생각으로 가득 채우고 피 대신 그 생각이 흐르게 해야 한다. 그 정도로 한결같이 하나만을 생각하는 것이다. 그것이 성공하는 비법이다."

나노 브랜드도 크게 키울 수 있다는 자신감과 비전을 가져야 한다. 비전이란 영어 뜻 그대로 '보다'라는 의미이다. 무엇을 보라는 의미일까. 일반적으로는 '미래를 보라', '꿈을 보라', '목표를 보라'라는 의미이지만 여기에 한 가지 덧붙이는 것이 좋다.

"미래를 과거처럼 보라. 꿈이 이루어진 것처럼 보라. 목표를 달성한 것처럼 보라."

이렇게 과거형의 비전을 가져야 한다. 나의 브랜드가 세계적인 브랜드가 된 모습을 상상하고, 그렇게 될 것임을 당연하게 받아들이고, 그것을 현실화할 수 있도록 모든 면에서 정진해야 한다. 간절하게 바라고 그 일에 몰두하고 과거형의 비전을 갖는 것이 나노 브랜드를 위대한 브랜드로 만드는 정신적 바탕이 되어 줄 것이다. 바다에는 작은 물고기가 매우 많다. 가장 큰 바다동물인 고래는 플랑크톤을 먹고산다는 사실을 기억하라.

CHAPTER 10

타이밍은 없다.
당장 시작하라

'한국의 스티븐 호킹'이라 불리는 서울대 지구환경과학부 이상묵 교수가 미국 대륙 횡단을 끝낸 뒤에 이렇게 말했다.

"사고를 당해 죽음을 체험하면서 옳다고 생각하면 지금 해야지 나중에 하는 것은 의미가 없다는 것을 깨달았습니다. 지금이 아니면 영원히 못합니다."

그는 2006년에 미국 캘리포니아에서 지질 환경 탐사를 하기 위해 이동하던 중에 타고 있던 차가 전복되어 전신이 마비되는 사고를 당했다. 힘겹고 긴 재활 치료를 끝낸 후에도 언제나 긍정적인 마음을 가지고 생활하던 그는 주변의 만류에도 불구하고 전동 휠체어에 몸을 의지한 채 40일간 12,000킬로미터의 미국 대륙 횡단에 도전했다. 그는 '지금이 아니면 영원히 못한다(Now or Never).'라는 자신의 인생철학을 바탕으로 자신이 원하는 일에 도전했다.

우리가 이 세상에 태어난 이유는 무엇일까? 이 세상에서 떠날 때 어떤 것들을 후회하게 될까? 사람은 죽을 때 '더 많은 돈을 벌지 못한 것', '더 성공하지 못한 것'을 후회하는 것이 아니라 '더 도전하지 못한 것', '더 사랑하지 못한 것', '더 용서하지 못한 것' 이 세 가지를 후회하며 눈을 감는다고 한다. 그중에서 '더 도전하지 못한 것'에 대해 이야기해 보자. 도전을 하려면 용기가 필요하다. 사업을 하고 브랜드를 만드는 데에도 도전이 필요하다.

모 기업의 K대리와 S대리는 입사 동기이다. 같은 상품 기획 부서의 일원인 두 사람은 협력과 경쟁을 하며 탄탄한 동료의식을 가지고 있었다. 해가 바뀌고 조직이 개편되면서 두 사람은 모두 신상품 개발을 하는 소규모 팀장 직책을 맡게 되었다.

K대리와 S대리는 5월 중순까지 신상품 기획안을 제출하라는 부장님의 지시에 여러 가지 아이디어를 짜내어 기획안을 제출했다. 이때 아이디어가 좋았던 K대리의 기획안은 우수하다는 평가를 받은 반면, S대리의 기획안은 형식이나 아이디어가 평범하다는 평가를 받았다.

하지만 놀랍게도 결과는 달랐다. 우수한 기획안을 가지고 있었던 K대리의 팀은 완벽한 기획안을 실현하는 과정에서 또 다른 리서치를 진행했고, 그 리서치를 기획하고 검토하는 사이에 일이 계속해서 미루어졌다. 반면에 평범하다는 평가를 받았던 S대리의 팀은 서둘러 상표권과 특허를 등록하고 OEM 생산을 통해 시제품을 생산했다.

6개월 후에 S대리의 팀은 시장에 상품을 시장에 내놓았고, 고객들이 반응을 보였다. 그에 반해 K대리의 팀은 그때까지 상표권조차 준비하지 못했다. 결국 K대리의 팀은 기간 내에 프로젝트를 마무리하지 못해 해체되었고, S대리는 성과를 인정받아 과장으로 승진했다. 이것이 바로 린스타트 방식이다.

조금 부족한 계획이라도 빠르게 실천하는 편이 우유부단하거나 미적거리는 것보다 더 나은 결과를 가져온다. 일단 실행을 하면 잘못된 점을 고쳐 나갈 수 있지만 아예 시작을 하지 않으면 아무런 결과나 교훈을 얻을 수 없다. 완벽한 계획이나 시간을 기다리지 말고 실천하라. 깨져도 지금 깨져야 한다.

K대리의 예에서 알 수 있듯 성공은 아이디어가 아닌 실행력에 그 핵심이 있다. 좋은 아이디어가 중요한 것이 아니다. 바로 실행에 옮길 수 있는 추진력이 필요한 것이다.

GE의 전 CEO인 잭 웰치(Jack Welch)는 이렇게 말했다.

"충분한 능력을 가지고 있지만 소극적으로 행동하는 직원은 바로 해고해야 한다."

뉴욕의 맨해튼에 자리 잡은 작은 사무실에서 34세의 청년이 창밖을 보며 깊은 생각에 빠져 있었다. 그가 유심히 바라보고 있던 곳은 그랜드센트럴 터미널 주변이었다.

"아무리 생각해도 굉장한 아이디어야. 이제 돈만 있으면 되겠군."

그 당시 뉴욕의 그랜드센트럴 터미널과 그 주변 지역은 슬럼 지역이었다. 터미널은 노후되었고 사람들의 왕래는 점점 뜸해지고 있었다. 그로 인해 주변 빌딩들의 상권이 죽어 가게들은 하나둘 문을 닫았다. 그중에는 한때 뉴욕의 랜드마크로 불렸던 코모도호텔이 있었는데, 그곳 역시 이전의 영화를 잃은 채 점점 폐허가 되어 가고 있었다.

청년을 깊은 생각에 잠기게 했던 것이 바로 이 코모도호텔이었다. 그는 다음날에 가방 하나를 어깨에 메고 코모도호텔을 찾아가 주변을 살피며 무언가를 메모하기 시작했다. 그렇게 몇 주가 흘렀다. 현장 파악을 완벽하게 끝낸 청년은 그동안 메모한 노트를 기초로 사업 계획서를 만들기 시작했다. 그렇게 또 몇 주가 흘렀다. 사업 계획서를 완성시킨 그는 뉴욕 시장을 찾아가 자신의 사업 계획서와 명함을 건넨 뒤 자신만만하게 말했다.

"시장님, 시장님이 다음 선거에서 당선되실 수 있는 확실하고 참신한 정책 아이디어를 가지고 왔습니다."

청년이 들고 온 것은 뉴욕의 코모도호텔과 그 주변 개발에 관한 광대한 개발 프로젝트였다. 당차고 끈질기게 시장을 설득한 그는 결국 뉴욕시의 승인을 얻어 냈다. 그는 수중에 사업 자금이 없었지만 현명하고 합리적인 방법으로 사업을 추진할 수 있었다.

우여곡절 끝에 이 엄청난 프로젝트는 성공적으로 마무리되었다. 그의 프로젝트 중에는 낡은 코모도호텔을 개조하여 탄생한 '하얏트 그랜드 호텔'도 있었다. 그는 강력한 추진력으로 자신의 아이디어를 실현할 수 있었고, 그로 인해 일약 부동산 거부로 등극할 수 있었다.

이 청년의 이름은 도널드 트럼프(Donald Trump)로, 전 세계를 통틀어 가장 성공한 부동산 투자자이자 탁월한 사업가이다. 그의 성공 비밀은 엄청난 아이디어가 아니라 실행력에 있었다. 그 누구도 기발한 아이디어를 떠올릴 수 있다. 하지만 대다수의 사람은 그 아이디어를 실행하려고 하지 않는다.

《디테일의 힘》을 출간하여 중국을 비롯한 아시아 전역에 디테일한 업무 처리의 중요성을 역설한 왕중추는 또 다른 저서인《퍼펙트 워크》에서 실행력에 관한 네 가지 조언을 했다.

첫째, 조건이 모두 갖추어지기를 기다리지 말라.
지금의 경영 환영에서 모든 것이 갖추어지는 일은 절대 없기 때문에 지금 바로 시작하고 조금씩 본인이 갖추어 나가라는 이야기이다.

둘째, 적극적인 실천가가 되어라.
아이디어는 실천되지 못한 채 머릿속에만 갇혀 있으면 힘을 잃고 점점 사라진다. 뛰어난 아이디어가 사라지기 전에 얼른 메모하고 실행해야 한다.

셋째, 생각만으로는 성공할 수 없다.
생각이나 아이디어가 중요하긴 하지만 이는 행동으로 옮겨졌을 때 의미가 있고 가치를 만들어 낼 수 있다.

넷째, 행동으로 두려움을 극복하라.
무엇이든지 시작이 가장 어렵다. 물리학의 법칙에서도 물체가 처음 움직이는 그 순간에 에너지가 가장 많이 들어간다. 한 번 움직이면 관성에 의해 큰 힘이 들지 않는다. 그러니 일단 행동하라. 그 후에는 생각보다 훨씬 수월하게 일이 진행될 수 있다.

나노 브랜드를 만들고 나노 브랜드 마케팅을 하는 것도 마찬가지이다. 나만의 나노 브랜드를 만들고 싶은 욕망과 아이디어가 있다면 망설이지 마라. 사람들은 생각보다 타인 실수와 실패에 관심이 없다. '내가 할 수 있을까?', '정말 나노 브랜드가 통할까?', '정말 돈을 벌 수 있을까?' 같은 생각은 잠시 접어 두어라. 두려울 때는 바로 시작하는 것이 정답이다.

마지막으로, 월트 디즈니의 말을 깊게 새겨 보자.

"시작하는 방법은 그만 말하고 이제 행동하라."

관점을 바꾸면 답이 보인다

다른 사람들보다 조금 더 조그마한 고객군에 집중하여 연구하고, 그 고객들이 원하는 제품에 진정성 있는 메시지를 더해야 고객들의 눈길과 손길을 모두 잡을 수 있다.

나노 브랜드가 고객에게 전달하려는 메시지 또한 압축적이고 명확해야 한다. 또한 고객이 기억해야 하는 노력을 최소화시켜야 한다. 이는 기존의 브랜드들이 만들어 놓은 마케팅 메시지를 분석하고, 그것에서 공통점을 찾고, 그것을 나노 고객군에 적용해 보거나 그 메시지들의 틀을 깨 보는 노력에서부터 시작되어야 한다. 즉 벤치마킹을 넘어 '벤치 브레이킹'을 해야 하는 것이다.

그런데 나노 브랜드를 통해 지속적인 수익을 창출하기 힘들다는 생각을 갖은 사람이 있을 수 있다. 이는 나노 브랜드의 확장 전략에 대한 이해가 부족하기 때문이다.

나노 브랜드를 역사에 남을 만한 위대한 브랜드로 성장시키는 다섯 가지 방법을 아래와 같이 정리하였다.

첫째, 세계로 시장을 넓혀라.
둘째, 이미 만들어져 형성된 나노 브랜드를 가지고 완전히 다른 분야로 뛰어들어 같은 방법의 마케팅을 하라.
셋째, 나노 브랜드로 형성되어 있는 브랜드를 관련 제품으로 확장하라.
넷째, 위의 세 번째 방법과 정반대로 하라.
다섯째, 나노 브랜드의 영역 속성에 변화를 주어라.

물리학의 법칙에서도 물체가 처음 움직이는 그 순간에 에너지가 가장 많이 들어간다. 한 번 움직이면 관성에 의해 큰 힘이 들지 않는다. 그러니 일단 행동하라. 그 후에는 생각보다 훨씬 수월하게 일이 진행될 수 있다.

Brand

작지만 강한 나노브랜드